自民党が消滅する日

岩田 温

まえがき

あれほど好きだった自民党が変貌した日

子供の頃、親から「テレビを観ると馬鹿になる」と言われ、ほとんどテレビを観ることなく育った。そんな我が家に毎日届いていたのが産経新聞だった。小学生時代から読書が好きな私は、必然的に新聞も毎日読むようになった。弟はスポーツ欄を読むのが好きだったが、『三国志』に傾倒していた私は政治欄を愛読していた。今、振り返ってみると少々変わった小学生なのだが、派閥抗争や連立政権の枠組みについて考えるのが好きだった。子供たちがサッカーや野球に興味関心を抱くのと同じような感覚で政治を眺めていたのである。

高校時代、ギリシャ哲学の泰斗である田中美知太郎の著作を読んでいたら、スポーツよりも同じ勝負事であるならば政治を観察していた方が面白いとの文章に出会い、妙な親近感を抱いたことを思い出す。

１９９８年、参議院選挙で橋本龍太郎総理が率いる自民党が惨敗し、退陣を余儀なくされたことがあった。私は泣いた。自民党が敗北すれば、日本は悪くなる。日本の将来に悲観したのである。あれから25年、自民党も消滅しなかったし、日本も滅亡しなかった。民主党政権の誕生という驚くべき事件があったが、自民党は生き残り続けた。私は自民党が消滅する日など来ないと信じていた。だが、あの日から全てが急変した。

２０２２年7月8日、安倍晋三元総理がテロリストの凶弾に斃《たお》れた。この日から、日本の歯車が狂いはじめた。集団的自衛権の限定的な行使容認という戦後日本の課題を解決した安倍元総理は間違いなく保守主義の精神に基づいた政治家だった。保守主義の精神とは、我が国に生まれたという宿命を受け入れ、歴史を愛し、将来世代に繁栄した祖国を遺《のこ》すところにその要諦がある。ケネディ大統領が尊敬していた上杉鷹山は、君主たるものの心得を「伝国の辞」として遺したが、その冒頭には次のように記されている。

「国家は先祖より子孫へ伝え候国家にして我私すべき物にはこれなく候」

国家は先祖から伝えられたものであり、子孫に伝えるべき国家に他ならない。決して、自身の私有物のように扱ってはならぬという保守主義の精神が端的に記された言葉だ。こうした精神を堅持することが保守政党である自民党の基幹でなくてはならない。

瓦解する自民党

だが、現在、戦後保守政治を牽引《けんいん》してきた自由民主党がガラガラと音を立てて崩れ去ろうとしている。当時のエマニュエル駐日大使に強要されるかのように、岸田文雄内閣が成立させたＬＧＢＴ理解増進法から始まり、自民党の総裁選ではその多くの候補者が選択的夫婦別姓制度に前向きだという倒錯した状況に陥った。派閥パーティーにおける政治資金の不記載の問題は、決して看過できないことだが、この問題を解消するためとして岸田総理は「派閥」解消を打ち出した。派閥は自民党の弱点であるかのように語られているが、これは端的に言って誤りだ。派閥の存在があってこそ、党内における活力が生じてくる。派閥を解消すれば執行部の権力が肥大化し、誰も執行部の判断に抗えなくなる。自由民主党から、自由と民主主義がなくなる愚かな決定に他ならなかった。

だが、最も愚かであったのは新総裁に石破茂を選出したことである。自由民主党の党員の多くは高市早苗政権の誕生を望んでいたが、自民党の国会議員が自ら滅びの道を選択するかのように石破を新総裁に選出した。

これほど情けない総理大臣は類例を見ないであろう。かつて村山富市、鳩山由紀夫といった愚かな宰相が存在したが、これらを超えるほど愚昧な総理大臣である可能性が高い。

鳩山もそうだが、石破も決して、偏差値が低いわけではない。偏差値が高いことを賢いと定義するのならば、彼らは賢い部類に属するのかもしれない。だが、彼らに決定的に欠けているのは政治家としての識見である。政治家になりさえしなければ、ただの宇宙人や変人の類で許されたのかもしれないが、日本の国益を守り、日本国民の生命、財産を守り抜く政治家としては全く不適格な人物であると断言せざるを得ない。

泣き言を言うなら辞任しろ

2024年12月、都内で講演した石破総理は次のように述べたという。

「普通の大臣の何倍もしんどい。なんせしんどい」

「新聞読んだら誰も褒めてくれないし、ネット見たら何だか本当、悲しくなるし。寝る時間はほとんどないし……」

しんどいのは石破総理ではなく、このようなぼやきを聞かされる国民の方だ。「誰も褒めてくれない」、「悲しい」と泣き言を繰り返す暇があるならば、さっさと辞任すべきであろう。

石破茂という政治家が政治家としての資質を欠くのは、全く信用できない人物であるからだ。『論語』に「信なくば立たず」とあるが、これほど信用のおけない政治家も珍しい。

総理大臣による解散権の行使は極めて抑止的でなければならないと強調しながら、自身が総理大臣に就任する前、自民党総裁の立場で解散を明言する。第一次安倍政権において参院選で自民党が敗北を喫した際には、安倍総理に辞任を要求。しかし、自身が率いた自民党が総選挙で敗北しながら堂々と続投を表明。更に言えば、安倍晋三を「国賊」とまで罵った村上誠一郎を総務大臣に任命し、重用する。戦後最長政権を率いた安倍を罵倒して止まない政治家を入閣させるなど論外と言うよりほかない。

少なくともせめて安全保障政策においては、少しは賢明な判断を下せるとの期待も裏切り、中国の習近平国家主席の鼻息を仰ぐような行動に終始する。「日中友好」の欺瞞《ぎまん》にいまだに気づこうともせず、堂々とテレビ番組では次のように主張した。

「日本の総理大臣が中国に行くのは極めて大事なことであり、指導者同士の信頼関係はうわべだけで出来るものではないので、回数も重ねなければいけないと思います」

隣国との関係が良好なものであるに越したことはないのは常識だ。しかし、中国は一般的な自由民主主義国家ではない。どれほど石破が習近平との会談を重ねようとも、そこで築かれた友好関係などうわべ関係以下の砂上の楼閣でしかない。イギリスの首相であったチェンバレンがナチス・ドイツのヒトラーと会談を重ねようとも第二次世界大戦を防げなかったのは世界史の常識と言ってよい。人民の生命など鴻毛《こうもう》の軽さ程にしか考えない独裁者と話し合いによって問題解決を図ることなど不可能なのだ。

習近平は台湾統一のためには「武力行使」も辞さないと言明し、実際に香港における自由民主主義体制を粉砕した。これが中国の指導者、習近平の正体なのである。その被害は我が国にも及んでいることを看過することは出来ない。

中国内において何の罪もない日本人学校に通う10歳の男子児童が刺殺されたが、これは日本国民を対象としたヘイト・クライムだったのではないか。2015年に邦人女性が中国当局によって逮捕されたが、このときの罪状には日本国内での活動も含まれていた事実が判明した。日本で中国に関して何らかの行動を起こすのは、日本国民の自由のはずだが、それを理由に日本人が中国で捕らえられてしまうのだ。こうした諸々の極めて反日的、好戦的な行為に対して断固として抗議するのが常識だ。しかし、石破の辞書に「常識」の二文字はない。右顧左眄《うこさべん》し、阿諛追従《あゆついしょう》することをもって、外交と認識しているようにしか思われない。

自民党が消滅する日

本書は『自民党が消滅する日』とのテーマで出版した。

しかし、既に自民党は消滅しているのかもしれないとの想いも一方でよぎる。要するに、自分たちでは生きているつもりでいながら、「お前はもう死んでいる」と指摘するのが本書の役割になるのかもしれない。保守主義の精神を閑却し、リベラル、左翼に迎合する自民党は既に自民党とは呼べないのは明らかだ。

仮に自民党が命脈を保っていたと仮定してみよう。しかし、その余命は非常に短いものになるはずだ。

自民党が消滅するのは極めて容易である。現在の路線を歩み続ければよいのだ。日本の歴史を軽んじ、国益を無視し、国民の生命、財産すら守ろうともしない路線を粛々と歩み、自らの利権にしがみつき続けるだけでよい。日米同盟を軽んじ、中国との友好関係の構築に勤しめばよい。要するに、石破総理が続く限り、必ずや自民党の消滅する日が来るだろう。総裁選で馬脚を現した小泉進次郎に期待する人は最早少数だろうが、石破が小泉に変わろうとも大勢に影響はない。

自民党の議員諸兄には申し訳ないが、問題なのは自民党が消滅すること自体ではない。日本が消滅しないことこそが肝要なのだ。日本が消滅しない選択肢を提示できる政治家こそが求められている。

だが、野党にそうした人材は見いだせるのか。

自民党内の状況はどうか。

待望していた高市早苗総理が誕生しなかったのは無念極まりないことであった。「初の女性総理を望む」と言いながら、総裁選で石破を支持した女性議員の背信は許されるものではない。彼女たちは口先では「女性総理の誕生」を叫びながら、実際には「リベラルな女性総理の誕生」を目指すだけなのだ。国民を欺くのも大概にすべきであろう。

前途多難な日本。狂瀾《きょうらん》を既倒《きとう》に廻《めぐ》らす（＝傾きかけた態勢を元の状態に戻す）政治家を待望する所以《ゆえん》である。

目次

まえがき……2
I　自民党が消滅する日……17
第1章　石破内閣への退陣勧告……18
「偽りの正義」を振りかざす石破内閣が危険なワケ……18
「7条解散」に否定的ポーズとり続けた真意／行動の淵源にある「安倍憎し」の一念
過去の発言に裁かれる石破茂の自業自得……24
左傾化の果ての必然的「自壊」……27
「選択的夫婦別姓」実現なら自民党「終了」……29
判断されるべきは性別ではなく能力・資質だ……32
全ては「あの日」から始まった自民党転落史……34

自民党の活力源「派閥」解消という愚行……37
谷垣禎一が暗示した「派閥なき自民党」の断末魔……39
先人が築き上げた宝をポイ捨てする軽挙妄動……42
自民党を蝕む「党内左派」の系譜……44
唱えるべきは「反共」でなく「滅共」／国を憂える思想信条なき空疎な政治家たち／江藤淳が喝破した「自民党の社会党化」／日本軍を断罪した河野洋平を糾弾する／吉田茂自身が否定した「吉田ドクトリン」

第2章　憲法改正は〃夢のまた夢〃

……57
空疎な憲法21条「検閲の禁止」の欺瞞……57
「平和主義」が戦争を招く逆説……60
時代錯誤と嘲笑されたチャーチルの慧眼／憲法に堂々と自衛隊を明記せよ
ウクライナ戦争が証明した「平和憲法」という幻想……65
憲法9条の力を信奉する古賀誠の影響力……68
好戦的な隣国に「反撃能力増強」の意思表示を！……70
憲法改正を目指さない自民党に存在価値なし……73
保守主義の神髄、今こそ中川昭一の遺産に学べ……75

第3章　「宰相の条件」は安倍晋三に学べ　78

偉大な政治家は「歴史の法廷」で裁かれる　78
「尖閣は米国が防衛」に安堵する不健全さ　81
「痩せ我慢」なくして国家の独立なし　83
ときには「聞く耳」を持たぬことも宰相の条件　86
アクロバティックな精神を有した安倍晋三の真骨頂　88
「岩盤支持層」に見放されたら終わり　91
安保議論を進め、国を導ける宰相こそが本物だ　93

【補論】「自民党と保守系知識人」の考察　96

政治的リアリスト　渡辺恒雄の肖像　96
信条に同居する「反戦」と「反共」／政治的リアリスト／「1000万部の力で倒す」／読売系知識人の限界／「オールド・メディア」と「ネット・メディア」
東京裁判史観と北岡伸一・東大名誉教授　113
「御用学者」と「無用学者」／問われるべきは「侵略戦争とは何か」／「勝てば官軍」の東京裁判／日本とナチス・ドイツを同一視する愚／トランプ一押し政治家の慧眼／日米同盟分断狙う中国の思うつぼ

II 「左翼ごっこ」の黄昏 129

第4章 いまだ革命ならず 130

武力革命を目指していた日本共産党の黒い闇 130
自衛隊を「手段」呼ばわり　志位発言の傲慢 133
独裁支える「民主集中制」の特異性 135
「日米安保破棄」掲げる野党連合構想の蒙昧 138
「無私の姿勢」とは程遠い野党共闘の偽善 140
立民・安住淳の倒錯したJアラート批判 143
「宇宙から国境は見えない」鳩山由紀夫の希薄すぎる国家観 145
政界キーマン、国民・玉木雄一郎〝変節〟の過去 148
旧社会党ブレーン・向坂逸郎のドン引き「独裁擁護論」 150
社会党が現実的政党を目指した〝束の間〟／マルクスを凌ぐ「プロレタリアートの独裁」論／「絶叫系政治学者」山口二郎の知られざる政治的発言の変遷／日本を守ったのは市井の人々の常識
外国人参政権に傾斜した旧民主党の反日的体質 162
「地方」と「国政」は峻別しうるか／見逃せない国防・安全保障への影響／精神的・思想的問題の重大性／『国民』とは何か」という根源的な問い／垂直的共同体に生きる国民の義務／「国民」と「非・国民」の区別こそ肝要／「参政権付与は納税が条件」の根本的間違い

第5章　荒ぶる独裁国家に備えよ……175

日本の急所、南シナ海のシーレーンに迫る危機……175
「米中対立」時代に「中立」を選択する愚……178
「イスラム教の中国化」に突き進む中共の無理筋……180
人権無視の国家に媚びてはいけない理由……182
中国のウイグル弾圧は「ジェノサイド」だ！……184
対中「政冷経熱」は日本側の妄想……187
拉致事件に影落とす北朝鮮「主体思想」の正体……189

第6章　リベラル・ファシズムという猛毒……192

米国社会蝕む「批判理論」の毒矢……192
コロンブスの銅像破壊は世紀の愚挙……195
「リベラル」の証は国民アイデンティティーの否定……197
「エコファシズム」の正体は「スイカ」だ！……200
「テロ礼賛」はびこる日本社会の危険な兆候……202
「絶望からのテロ」という倒錯の論理……205
テロに触発された高校教諭の気になる授業内容……207
ＬＧＢＴ法が想起させる「二段階革命説」……209

トランス女性訴訟　最高裁よ、常識に還れ……212
圧倒的多数の女性を不安に陥れるな！……214
「トランスジェンダー本」騒動の病理……216
フランス革命の本質は野蛮な文化大革命……219
祖国を愛することは異常なのか……221

第7章　「正義の味方」朝日新聞に喝！

……224

拉致事件を日朝交渉の「障害」と書いた社説を忘れない……224
「国を守る」と「国民を守る」の違い……227
「戦争を防ぐ確かな手立て」をしっかり語れ……229
今さら遅い「日本共産党批判」……231
「古き良き日本」で何が悪いのか……233
日本の自由民主主義体制を破壊したいのか……235
「欧米にならえ」論のご都合主義……237
国歌の暗記は「内心の自由」を脅かすのか……239
「研修に教育勅語」の一体何が悪いのか……241
自衛隊幹部の「信教の自由」を否定するな……243
ヤジ巡る許しがたいダブルスタンダード……245

あとがき……248
初出一覧……251

本書は、過去に寄稿した月刊誌「正論」「ＷｉＬＬ」などのほか、「産経新聞」と「夕刊フジ」に掲載されたコラムを改題・加筆・修正して再構成しました。肩書・年齢は掲載当時のものです。

Ⅰ　自民党が消滅する日

第1章　石破内閣への退陣勧告

「偽りの正義」を振りかざす石破内閣が危険なワケ

「信なくば立たず」。誰もが耳にしたことのある『論語』の一節だ。言うまでもなく、政治の要諦は国民の為政者に対する信頼にあるとの指摘である。あまりに当然のことと言えば、当然のことともいえる。だからだろう。多くの政治家が「信なくば立たず」の言葉を座右の銘に掲げ、無内容な演説に彩りを飾るように安易に用いている。

ある意味で陳腐な言葉にされてしまった。

しかしながら、この言葉には政治哲学者、孔子の覚悟と気概が込められている。この事実を知る人は少ない。約束を守らない人間は信用されない、などという通俗的理解が誤っているとは言わない。確かにそれはそれで重要な人生訓だろう。だが、より真剣な覚悟と気概を掴み取ってこそ、孔子の言葉の深淵さに心から感じ入ることが出来る。ここには孔子の政治哲学の真髄が語られている。

振り返ってみよう。「信なくば立たず」の言葉は如何《いか》なる文脈の中で語られるのか。ただ、孔子が漠然と呟いた言葉ではない。弟子との真剣な対峙の中で紡ぎ出された言葉なのだ。従って、弟子との問答という文脈の中でこそこの言葉が活きる。ある言葉が空語となるか真理となるか。その分水嶺は解釈する我々が文脈に沿って言葉を理解できるか否かにある。

弟子の子貢が卒直に孔子に問う。政治における重要な事柄とは何なのか。

孔子は「食」、「兵」、「信」を列挙する。現代の言葉で言い換えれば、経済、安全保障、国民の信頼ということになる。政治の最重要条件の一つに安全保障を掲げている点は注目に値する。彼は決して軍備なき世界を理想と捉えるような夢想家ではなかった。憲法9条さえ存在すれば日本は平和であると考える戦後日本における護憲論者とは全く異なる見解の持ち主であった。

子貢は更に孔子に問う。3つの条件の中から1つを棄て去るとすれば何を棄てるべきか。究極の3条件の1つを棄てよというのだ。「兵」であると孔子は応える。だが、ここで子貢は満足しない。子貢は、なおも踏み込む。経済と国民の信とはいずれが重要であるのかを孔子に問うのだ。いわば政治における最重要条件、政治を政治たらしめる条件、国家を国家たらしめる条件は何かを問うている。

ここで孔子は国民の信であると断言する。その後に続くのが「信なくば立たず」の一節なのだ。安全保障、経済、国民の信、その全てが重要なのは言うまでもないことだ。どれも欠かすべきではない。だが、孔子は安全保障よりも経済よりも国民の信の重要性を説く。「信なくば立たず」とは、安易に用いるべき言葉ではない。安全保障、経済を擲《なげう》ってでも、政治において欠かすことの出来ない条件こそが国民の信頼なのだ。覚悟と気概なしには用いることの許されざる言葉、それが「信なくば立たず」である。凡百の政治家がこの一節を引用する度に、私はその軽薄さに呆れ返る。安全保障も捨て、経済も捨て、それでもなお国民の信を重んずる覚悟など微塵も感じさせぬ政治家ばかりだからだ。

「7条解散」に否定的ポーズとり続けた真意

翻って、石破茂総理の言動を考察してみよう。彼の言動は国民の信に足るものだったのだろうか。

重要になるのが解散、総選挙の時期の見極め方だ。予《かね》てより石破は7条解散について否定的な見解を表明してきた。確かに日本国憲法を隅から隅まで読みこんでみても、衆議院の解散権は総理の専権事項とは明記されていない。あくまで衆議院で内閣不信任案が可決した際に解散総選挙が想定されているだけだ。それが憲法69条である。だが、多くの解散総選挙は総理の判断でなされてきた。69条ではなく、7条によって解散が正当化されてきた。7条では、解散について天皇の国事行為とし、「内閣の助言と承認により」行うとの文言がある。この解散権が明確化されていない憲法をもとに解散がなされてきたのである。

このため連合国軍総司令部（GHQ）統治下、被占領期の第2次吉田茂内閣においては、椿事《ちんじ》が起こった。この内閣は、社会党の片山哲内閣が党内分裂によって、続く芦田均内閣が汚職事件で相次ぎ倒れたことで発足した、少数与党による内閣であった。当然、吉田は解散、総選挙を望んでいたが、当時のGHQは解散権が総理の専権事項とは捉えていなかった。あくまで解散は69条によるものと考えていた。そこでGHQの仲介の下、吉田は敢えて野党と話し合って内閣不信任案を提出させ、解散総選挙を行った。俗に言う「馴れ合い解散」である。

つまり、純粋な原理原則論から考えてみれば、7条解散は極めて危うい憲法解釈に依拠しているといっても過言ではない。マスコミは解散権を総理大臣の「伝家の宝刀」の如く語るが、法的基盤は極めて脆弱《ぜいじゃく》なのだ。

そう考えてみれば、石破が主張してきたことは正論である。ときの政権が勝てる時期に解散権を行使するのはあまりに恣意的な政局的解散であり、憲法の趣旨に反する可能性が極めて高い。そうした原理原則論に立ったうえで、石破は総裁選の最中においても2024年9月14日の日本記者クラブで次のように語っている。「解散で衆院議員がいなくなることはよく認識した方がいい。世界情勢がどうなるかわからないのにすぐ解散しますという言い方は私はしません」

予てよりの持論を展開したもので、ある種の見識を示した発言であった。

だが、実際に石破は何をしただろうか。自民党の新総裁に選出されたばかりで、まだ総理大臣就任前の9月30日。党役員会後の記者会見で、突如、衆議院を解散し、10月27日に総選挙を実施すると表明した。総理大臣就任以前に天皇陛下の国事行為について言及したのである。陛下に「助言」する立場にないものが陛下の国事行為を恣意的に決定するのは不遜の極みであり、「不敬の輩」との批判も正鵠《せいこく》を射たものだ。更に言えば、7条解散に否定的であった自らの発言も覆したのだから、言動不一致の詐言を弄した詭弁《きべん》家、端的に言って嘘つきの正体を曝《さら》け出した瞬間でもあった。石破が7条解散に否定的なポーズを取り続けたのは、ただのパフォーマンスに過ぎなかったのだ。

行動の淵源にある「安倍憎し」の一念

石破の解散表明を耳にした瞬間、私は思い出していた。自社さ連立政権、村山富市内閣が組閣された直後の総理の国会答弁だ。「自衛隊違憲論」「日米同盟不要論」「非武装中立論」云々と何十年も主張し続けてきた社会党の村山は「自衛隊は合憲である」、「日米同盟は重要である」との見解を恥ずかしげもなく表明した。彼らは自らの言葉を微塵《みじん》も信じていなかったのだ。日本を守るためには自衛隊、日米同盟が必要であることは十分に認識しながら、「護憲」を絶叫する一部の狂信的なノイジー・マイノリティーの支援を得るために現実的には不可能な政策を嘯《うそぶ》いてきたのだ。嘘を信念だと強弁するパフォーマンスで国民を欺き、マスメディアの拍手喝采を浴びてきた。これが社会党の正体だった。村山の答弁とは、社会党なる政党が信ずるに足らない政党だと露見した瞬間だった。思い返してみよう。石破は繰り返し安倍晋三元総理を批判した。憲法9条に自衛隊を明記する改正案に反対し、2項削除こそが正しいと獅子吼《ししく》した。正論と言えば正論であった。しかし、これもまた信念に基づく批判ではなく、「為にする」批判であり、安倍憎しの一念からのパフォーマンスに過ぎなかったのではないか。鉄面皮のように解散権についての考えを変え、恣意的な解散総選挙を断行する暴挙に至ったのだから。

力無き正義は無力だと喝破したのはパスカルだった。無力なうちは、たとえその正義が誤ったものであっても現実的には無害だからだ。いくら正義を声高に説こうが、現実に影響は与えない。坂口安吾は『堕落論』で「生きよ、堕ちよ」といった。このひそみに倣うのならば、「吠えよ、消えよ」ということになる。

ただし、パスカルは、そこにこう書き足すのを忘れなかった。「正義なき力は暴力」であると。その言葉は意義深い。

偽りの正義を振りかざし、国民を欺いた石破茂。彼にはもはや大義はない。信なくば立たず。彼を信ずる人は少ない。残された選択肢は正義なき暴力。

石破内閣が危険な所以《ゆえん》である。

２０２４年12月号　雑誌「正論」

過去の発言に裁かれる石破茂の自業自得

「大人になったら誰も教えてくれないよ」

母親が子供の頃の私を叱る際に、いつも口にしていた言葉である。恩人を裏切ってはいけない。女の子を殴ってはいけない。嘘をついてはいけない。全て真実だった。

私は大学で教鞭《きょうべん》をとっていた。心がけていたのは、教育における知識の伝授ではなかった。本来であるならば両親が教えておくべき社会人としての常識をゼミ生に徹底させることだった。社会に出たら誰も教えてくれない真実を、社会人になる前に伝えることが最も大切だと考えていた。

社会人である石破茂総理に敢えて申し上げたい。嘘はつくな。世話になった人は裏切るな。義理と人情を忘れてはならない。

石破総理は田中角栄を尊敬していると語っている。若き日の私は田中が嫌いだった。金権政治の象徴にしか思えなかったからだ。あるとき年配の先輩に指導された。「田中角栄の良さが分からなければ政治は分からない。まだまだ未熟だ」。悔しさもあり必死に田中の本を読んだ。秘書であった早坂茂三の著作はほとんど読破した。早坂の著作からは本当に田中に対する愛情を感じた。偉大な政治家には偉大な秘書がいると思い知った瞬間だった。

早坂が記していた田中の教えは実に興味深い。曰《いわ》く、出来ないことは出来ないとはっきり言わねばならない。ただし、実現に向けて努力はする。出来もしない約束をする人間ほどいかがわしい人物はいない。

ナポレオンは次のように述べた。「約束を守る最上の手段は決して約束をしないことである」『ナポレオン言行録』(岩波文庫)

皮肉のようにも感じるが、事実であろう。出来ないことは出来ないのだ。石破総理の最大の弱点は自らの過去の言動である。過去の自分に現在の自分が裁かれている。もっともらしい理屈で安倍晋三元総理を批判してきた。だが、実際に総理になったとき、自らの言葉が自らに突き刺さる。安易に総理が解散権を行使すべきではないと彼は繰り返し述べてきた。現実を見てみよう。最も安易に解散総選挙を決定し、大敗を喫したのは石破内閣に他ならなかった。「嘘つき」との批判は免れないだろう。

政治は結果責任である。政治学者と政治家の決定的な違いは、「ここと今」において決断をするか否かにある。哲学者のヘーゲルは「ミネルヴァの梟《ふくろう》は黄昏《たそがれ》に飛び立つ」と述べた。学者とはミネルヴァの梟の一例だろう。学者は結果を知ったのちに政治を裁く。結果の分からない状況の中で決断を下すのが政治家だ。ミネルヴァの梟を自らの力で振り向かせる人間だけが政治家なのだ。石破内閣に退陣を勧告する所以である。

2024年11月3日　産経新聞

左傾化の果ての必然的「自壊」

衆院選で大敗を喫したのち、自民党では両院議員懇談会が開催された（２０２４年11月７日）。両院議員総会長の有村治子参院議員はＸ（旧ツイッター）で、出席者から次のような声があがったことを明らかにしている。

「自民党がリベラル政策を推し進めた所で、結局その層は、自民党には投票せず、むしろ『どんな時にも自民党』と書いてきて下さった岩盤保守層の底が抜けた…」

まさに正鵠を射た指摘だ。

岸田文雄内閣で推し進めたＬＧＢＴ理解増進法。米国のラーム・エマニュエル駐日大使の内政干渉に等しい主張に驚愕したが、まさか「保守政党」を標榜する自民党がやすやすとこうした悪法を成立させるとは衝撃的な事件であった。安倍晋三元総理が存在していれば、あり得なかった事態と言っていい。

法案採決の際、退席した山東昭子前参院議長は「こんな生煮えの状態ではなく、きちんとした形でやっていかなければならない」と説いたが、多くの国民が納得した一言であったはずだ。

なぜ性急にＬＧＢＴ理解増進法が成立しなければならないのか。その根拠が多くの国民には分からなかった。とりわけ自民党を支え続けてきた「岩盤支持層」には激震が走った。一体自民党とは保守政党なのかとの疑念が自民党、岸田内閣の不支持へとつながり、岸田内閣は崩壊した。

自民党総裁選で「保守主義の理念」を掲げたのは、高市早苗、小林鷹之の二人に留まった。小泉進次郎に至っては「選択的夫婦別姓の導入」などと口走った。岩盤支持層を自ら粉々に爆破するような発言に他ならなかった。

結果、朝日新聞をはじめ左派系メディアで重宝されていた「自民党内 野党代表」とも言うべき石破茂が新総裁に選出され、衆院選では歴史的な大敗を喫した。両院議員懇談会で主張されたように、自民党内の「リベラル」はメディアに重用され、支持する国民も多いように感じられる。

だが、彼らはどれほど自民党が「リベラル」にかじを切ったところで、そもそも自民党に投票しない人々なのだ。彼らに阿諛《あゆ》追従《ついしょう》しても、自民党は選挙で勝利することはできない。むしろ負ける。

なぜなら、自民党の岩盤支持層はそうした「リベラル」政策を好まないからだ。

自民党がなすべきは左傾化を強めることではない。安倍晋三的なるもの、すなわち「保守主義の精神」を取り戻すところにこそ活路がある。

一刻も早く、石破が退き、高市政権が誕生すること。これ以外に「自民党の消滅」を食い止める手立てはない。だが、冷静に現状を分析してみると高市政権誕生の兆しは見えてこない。

「驕《おご》る平家は久しからず」

自民党の消滅する日が近づきつつある。

２０２４年12月9日　夕刊フジ

「選択的夫婦別姓」実現なら自民党「終了」

日本に危機が訪れている。「リベラル」と称する左翼たちが推し進めようとしてきた「選択的夫婦別姓」が合法化される可能性が高まっている。衆院選（２０２４年10月27日投開票）で自民党が大敗した結果、衆院法務委員長に立憲民主党の西村智奈美が就任した。この人事の意図を、立憲民主党の野田佳彦代表は次のように語っている。

「（選択的夫婦別姓に関して）野党と公明党は賛成で、自民党の一部だけがずっと邪魔をしてきた。そろそろ決着をつける」

野田の言葉を聞けば、選択的夫婦別姓に反対する私も、正しき革命を「邪魔」している一人と見做されているようだ。邪魔者か。結構だ。レッテルを貼られるのは構わない。

しかし、私は断固として夫婦別姓に反対する。

「選択的夫婦別姓」の実現を執拗《しつよう》に望む人も少ないが、強硬に反対する人も少ない。自分には無関係でも、「夫婦別姓を望む人だけの問題だ」と説かれた場合、強硬に反対する人が少ないのは当然のように思われる。「個人の自由に、他人が口を出すべきではない」という自由論が現代では常識とされているからだ。

だが、ここに最大の罠がある。

確かに、選択的夫婦別姓は夫婦には自由が認められる。しかし、子供はどうなるのか。夫婦別姓が実現すれば、それは必然的に「親子別姓」が実現し、場合によっては「兄弟別姓」が実現するだろう。

選択的夫婦別姓の根本的な主張は、個人の自由に基づく。だが、生まれてきた子供たちが自分の姓を選択することは不可能だ。両親の姓のいずれかが本人の自由とは無関係に強制されることになる。親子別姓を強いられた子供たちの自由や権利についての議論がなされていないのは、あまりにも議論が横暴ではないか。

公明党の竹谷とし子代表代行は、参院で次のように訴えた。

「現行の旧姓の通称使用には限界があります。通称は法律上の姓ではないため、旧姓併記を拡大するだけでは解決できない課題が多数あります」

これに対する石破茂の答えは曖昧だった。だが、彼はテレビ番組で選択的夫婦別姓について次のように語っていた。

「夫婦が別姓になると家族が崩壊するとか、よく分からない理屈があるが、やらない理由がよく分からない」

本当に理由が分からないのならば、石破は頭が悪すぎるが、私はそう思わない。ある程度、理性的な人間が「保守」を騙《かた》りながら、「親子別姓」「兄弟別姓」への道を歩もうとしている。自民党内にも、夫婦別姓賛成派が多数存在する。保守を騙《かた》る「エセ保守」によって、わが国が破壊されようとしている。

ＬＧＢＴ法に続き、選択的夫婦別姓を実現すれば、保守の岩盤支持層は自民党を見限る。自民党はリベラル化によって必然的に消滅する。当然の帰結を見つめられない政治家があまりに情けない。狂瀾《きょうらん》を既倒《きとう》に廻《めぐ》らす。高市早苗政権に期待を寄せる所以である。

２０２４年12月12日　夕刊フジ

判断されるべきは性別ではなく能力・資質だ

奇妙な記事が目に入った。「女性議員へのひぼう中傷　背景に何が」と題するNHKの記事（２０２４年11月30日）である。大臣政務官の人事において女性議員が登用されたことに対する非難がSNSで相次いでいるという。

外務政務官に就任した自民党の英利アルフィヤには、「女なら誰でもいいのか」といった投稿や、人格をおとしめるような内容の投稿が見られるようになったという。本人は次のように語っていた。

「政策ではなく自分のアイデンティティーやルーツの面でさまざまな壁にぶつかることに驚いて、当初はどうしていいか分からなかったというのが正直なところです。それまで国連や日本銀行で一生懸命、真摯《しんし》に仕事をしてきたつもりだったのですが、それがすべて、信頼がない人のようになってしまったのが本当につらかったです」

先の衆院選の結果を見てみよう。彼女は小選挙区の千葉５区（市川市南部・浦安市）で敗北している。地元有権者は、小選挙区では彼女に「否」の声をあげた。比例復活した、いわゆるゾンビ議員が政務官に就任したわけだ。

私は彼女のことを何度か批判してきた。それは彼女が女性だからではない。彼女のルーツが外国にあるからでもない。端的に言って「政治家として能力を欠く」と考えているからだ。

彼女は自身のショート動画「質問に答えてみた　選択的夫婦別姓について」で、次のような主張を展開している。

「えりアルフィヤは、自分の名前は自分で選ぶこと。これは人権だというふうに思っています。一人ひとりが自分が望むかたちで、自分の名乗り方、選べること、すごく重要だと思っているし、もちろん結婚した後、結婚した相手の姓を取りたいという考えもあるべきだし、そうしないっていう権利もあるべきだし、それぞれ自分にあったアイデンティティーを選べることが本当の人権の姿だと思っています」

人権について分かっていない、誠に愚かな発言だと思う。生まれてきたとき子供は自分の名前を選択できない。誰かが与えなければ名前は成立しない。仮にこれが人権侵害だとするならば、世界中で生きるほとんどの人々が人権侵害を受けているという状況になる。

NHKの冒頭の記事は、冷静に分析してみると危険なプロパガンダの腐臭が漂う。女性であるから批判されるという議論がまかり通れば、無能な議員が女性であった場合、否定や批判することが差別的行為であるかのように捉えられかねない。

政治家は性別ではなく能力や資質で判断されるべきだ。こうした常識すら忘れてしまった現代日本。そして、そうした風潮に追従するような自民党。保守政党の矜持《きょうじ》を忘れた自民党に存在価値などない。

2024年12月13日　夕刊フジ

全ては「あの日」から始まった自民党転落史

永田町に行くと、「解散総選挙はいつか」という話題で、国会議員が終始している。衆院議員にとって、解散とは闘いであり、人生の総決算でもある。敗れれば全てがなくなる。昨日まで、「いつになれば大臣になれるか」と語っていた人々が全てを失う。国民の審判、それが総選挙である。一つ誤れば無残な〝ニート〟になる。全存在がかかった戦なのだ。

しかしながら、冷静に考えてみれば、自民党はあまりに驕り高ぶっていなかっただろうか。

派閥を利用した裏金づくり。一般社会では考えられないような現象である。政治に金がかかるのは理解ができる。金のかからない政治など嘘偽りだ。しかし、やり方があまりに汚すぎる。この汚さは常軌を逸している。国民を愚弄するのも大概にするがいい。

全てはあの日から始まった。

安倍晋三元総理が暗殺された日（2022年7月8日）だ。左翼ははしゃぎ、保守派は泣いた。安倍こそが「日本の羅針盤」だった。安倍を失った後の自民党は、全てがおかしくなっていった。岸田文雄総理がどれだけ「憲法改正」を叫ぼうと国民の耳には届かない。嘘偽りに聞こえるからだ。政治生命をかけてでも、集団的自衛権の一部行使を可能にした安倍との差は明らかである。真剣の度合いがまるで異なるのだ。

憲法を改正するならば、総理自らが国民にしっかりと訴えるべきだ。その必要性は明らかでありながら、岸田総理の口から、納得のいく説明がない。本気で憲法改正に取り組むのか、理解ができない。言葉に力がないのだ。全てが嘘偽りに聞こえる。

LGBT理解増進法が2023年6月、自民党主導で成立した。ラーム・エマニュエル駐日米大使によるSNSなどでの「内政干渉」的な発信が注目された。まさか、自民党がこのような〝愚かな法案〟を通すとは誰も信じなかった。だが、自民党がこれを通した。

政治に詳しい保守派の人々は「安倍氏の恩恵を受けていた清和政策研究会（安倍派）が反対の声を上げる」と信じていた。だが、反対の声は上がらなかった。唯々諾々《いいだくだく》とエマニュエルに近い主張が是認された。

ＬＧＢＴの当事者に現状や必要性の有無を尋ねても、本当に必要だったのか訳の分からない法律である。保守派の多くは訝《いぶか》しんだ。何のための法律なのか。日本の国益に資するのか。

結局、日本のためにならず、当事者のためにもならない悪法が成立した。何のためだったのか。誰も分からない。

こうして保守を標榜する自民党は自滅した――。歴史において、そう書かれるのが関の山だろう。総選挙は厳しい。

２０２４年６月１日　夕刊フジ

自民党の活力源「派閥」解消という愚行

自民党議員らの政治資金規正法違反の問題から、なぜか派閥の存在そのものが敵視されるようになり、安倍派、岸田派、二階派などが次々と解散を決めた。たしかに醜悪な拝金主義を排するという意味で政治資金問題は批判されて然《しか》るべきだが、派閥の存在そのものを否定する議論には危うさを覚える。

およそ30年前にも派閥の存在が問題視され、「政治改革」の名の下に選挙制度の変革がなされたことがあった。1選挙区で同一政党から複数の候補が当選できる中選挙区制が、派閥の温床になっているという理由で廃止され、当選者1人の小選挙区制が導入されたのだが、この時、自民党内で異を唱えた政治家がいた。

「もし小選挙区になり、派閥がなくなったとしたら、権力者の総理とか幹事長の側近政治になるよ」

意外なことだが、これは小泉純一郎元総理の発言だ。当時の彼はまだ総理ではなく、1選挙区に各党1人の候補になると、党候補の公認権を持つ党首（総理総裁）が強権を握り、ほとんどの議員は異を唱えられなくなると警鐘を鳴らしたのである。議論を重んじる民主主義の政治家として一定の理はある指摘だった。

彼は後年の郵政民営化選挙で、異を唱える党内議員を排除するため総理総裁として小選挙区制を徹底活用し、自らが批判した強い権力を実現してみせたが、それでも派閥は自民党からなくならなかった。逆に言えば、これにより総理総裁も派閥に配慮しなければならない状態は続き、党内に議論の風潮は残された。

『君主論』を著したことで有名なイタリアの政治哲学者マキャヴェリは、大著『ディスコルシ』の中で、派閥抗争の意義について叙述している。古代ローマでは貴族派と平民派との抗争が絶えず、後世の多くの人々はこの派閥抗争がローマの弱点だったとみたのだが、マキャヴェリは次のように断じた。

「貴族と平民との不和を非難の対象とする人々は、私にいわせれば、ローマに自由をもたらした第一の原因そのものに文句をつけているようなものだ」

権力を求め互いに争うことが結果としてローマの繁栄の礎となっていたというのが、彼の考えであった。争いなき政治は一見、安定しているようだが、その本質は議論なき政治という意味で脆弱である。一方、抗争状態は不安定に見えるが、必死の抗争こそが組織や国家の活力を生む。「マキャヴェリスト」の言葉で知られる彼は権謀術数主義者とみられがちだが、政治とは何かを考え続けた偉大な政治哲学者であった。

自民党の強さの淵源《えんげん》は派閥にある。派閥なき自民党は活力なき自民党となる。政治家は今こそ、マキャヴェリから学ぶべきだ。

2024年2月18日　産経新聞

谷垣禎一が暗示した「派閥なき自民党」の断末魔

昨今、蛇蝎《だかつ》のごとく嫌悪されているのが自民党の派閥だ。しかし、派閥は「新人議員の教育機関」として機能していたとの事実は閑却《かんきゃく》すべきではない。

自民党総裁を務めた谷垣禎一は回顧録『一片冰心《いっぺんひょうしん》』（扶桑社）において、自身が宏池会で先輩であった加藤紘一元幹事長から学んだ経験を次のように振り返っている。

加藤は、谷垣に次のように語ったという。

「総理になるような大先輩に憧れるのもいいが、自分より少し当選回数が上の立派だなと尊敬できる先輩を探すことも大事だ。（略）さあ、どう行動しようかと迷ったときに、その少し上の先輩がどう行動するのか、よく見ておくんだ。そういうのはすごく役に立つんだぞ」

具体的で愛情のある指導といえよう。政治家である限り、大政治家を仰ぎ見るのは当然だ。しかし、加藤は同時に自らの派閥の尊敬すべき少し上の先輩を探し出し、その行動に注視せよという。

仮に、派閥が存在しなければ尊敬すべき少し上の先輩を探すことも困難だろうし、指導を仰ぐことも難しいだろう。場合によっては会話する機会すら得られないかもしれない。人数が多すぎては人間付き合いは希薄になる。大学のゼミでも学生が集まりすぎた学年の学生とは、どうしても一人一人と話す時間が限られる。

大政党ではなく、小規模な派閥ならではの教育効果が期待されたのだ。

谷垣は指摘する。

「派閥は百人を越えると割れるといいます。（略）やっぱり百人規模だと過大になってしまって、マイナスの面が出てくる気がするのです」

ここでいう「マイナスの面」とは、少人数ならではの細やかな指導や助言が得られなくなることだろう。政治家である限り、顔と名前を一致させることは可能だろうが、先輩の一挙手一投足を観察することは不可能だろう。

そして、谷垣は「派閥なき自民党」の未来を暗示するような意味深長な指摘をしている。

「安倍派（清和政策研究会）はある意味で、派閥がなくなった自民党の姿の走りだったのかもしれません」

100人を超えた派閥が一致団結を欠き、瓦解《がかい》するとするならば、400人を執行部のみで束ねようとする巨大政党が分裂に至るのは当然のことではないか。

派閥解体が「自民党崩壊の序曲」となる可能性は否定できない。岸田文雄総理は大先輩の助言に聞く耳を持つべきだった。

2024年9月5日　夕刊フジ

先人が築き上げた宝をポイ捨てする軽挙妄動

派閥を解消して、新人議員の教育機関を失った自民党がにわか仕立てに作り上げたのが「背骨勉強会」だ。対象は、当選4回以下の衆院議員と当選2回以下の参院議員、衆院選や参院選に立候補を目指す新人や元職とのことだ。

常識を持つ日本国民ならあきれるしかない。誰がどう考えてみても、「研修を終えてから立候補すべき」だろう。そもそも、当選しながら研修が必要だとはどのような了見なのだろうか。政治家としての資質を欠く人物を立候補させるとはあまりに国民を侮辱していないか。

「愚かな世襲議員」や、「何も考えていない国会議員」が存在することを、自ら暴露しているようなものではないか。もう一点指摘しなければならないが、この勉強会が滑稽なのは座学で政治が理解できると考えている点である。座学が不要だと言うわけではない。教養はあるべきだ。しかし、政治は教養だけでは動かない。

現代保守主義の理論家である英国の政治哲学者、マイケル・オークショットは『政治における合理主義』（勁草書房）の中で、2つの知性があると指摘した。「技術知」と「実践知」である。

スマートフォンの使い方は講師が優れていれば、数百人に教えても、たちどころに理解することが可能であろう。語れば理解できる。それが「技術知」というものだ。

しかし、オークショットは「政治は技術知の世界ではない」と説く。「実践知」の世界なのだ。言葉によって伝達が不可能だが学ばなければならない知性。それが「実践知」だ。

自民党総裁選に名乗りを上げた元大蔵官僚、小林鷹之が面白いことを述べている。政策に上下はないが、酒席には上下がある。自分がどこに座るのか。あるいは、誰を上席に置かねばならないのか。こうした知性を派閥で学んだと述べていた。実践の中でのみ養うことが可能な事柄であろう。こうした実践知を鍛えあげる教育機関、それが派閥だった。

恥ずかしい話だが、学生時代、大学で政治学を学んでいた際、自民党の派閥の存在意義が理解できなかった。それぞれの派閥が異なる政策を訴えていたのならば、その存在意義を理解できる。しかし、同じ派閥に所属しながら思想信条がまったく異なる政治家が数多い。派閥とは何のために存在するのかが理解できなかったのだ。若かったとしか言いようがない。

人間は理屈のみでは動かない。人格、人柄、心の根の良さ。最後に決定的に大事になるのは人間性そのものである。人間性を鍛えあげる教育機関、それが派閥だった。

派閥を解消して人間付き合いをやめ、座学でのみ政治を学べると考える自民党。自らの先人たちが築き上げた宝を、ゴミのように扱う所業は正気の沙汰ではない。自民党が野党に転落する日、いや消滅する日も遠くないだろう。謙虚に自らの来歴を振り返るべきだ。今自民党に欠けているのは自民党らしさである。

２０２４年９月７日　夕刊フジ

自民党を蝕む「党内左派」の系譜

青天の霹靂《へきれき》と言うには大げさすぎるが、衝撃的な事件だった。岸田文雄総理が事実上辞任を明言した。２０２４年８月14日だった。大東亜戦争で我が国が敗れたのが８月15日。戦没者の御霊を安かれと願う精神の一つもないことをありありと感じた瞬間だった。敢えて言いたい。国賊である。我が国の将来を信じていた特攻隊の青年にあなたは顔向けできるのか。問いただしたい。

例えば、こんな青年の言葉がある。

あんまり緑が美しい

今日これから
死に行くことすら
忘れてしまひさうだ
眞青な空
ぽかんと浮かぶ白い雲
六月のチランは
もうセミの声がして
夏を思はせる

「作戦命令を待ってゐる間に」

小鳥の声がたのしさう
〝俺もこんどは
小鳥になるよ〟
日のあたる草の上に

ねころんで
杉本がこんなことを
云ってゐる
笑はせるな

本日一三、三五分
いよ〳〵知ラン
を離陸する
なつかしの
祖国よ
さらば

こうした特攻隊の方がいたことを岸田は一度でも考えたことがあるのか。自分自身の欲得ずくの政治を進め、先人を愚弄した。彼が保守を名乗ることは許されない。

岸田の大罪は自民党から派閥を消滅させようと企図したことである。若き日の渡辺恒雄は明敏な政治記者だった。彼は派閥の成立の原因についてポスト配分、活動資金、選挙支援の3つを挙げていた。いずれも事実だ。だが、中選挙区制度の廃止、小選挙区制度の導入に伴い派閥の力が弱体化した。総裁と幹事長の力が異常なまでに大きくなった。公認権を握る人々に対し政治家は歯向かえない。自由民主党から公認されなければ、無所属議員となり比例復活も望めないからだ。小選挙区制度の導入が派閥の力を弱体化させた。そして派閥を弱体化させるだけでなく、消滅させようとしたのが岸田だった。50年後、政治史を学ぶ人々は余りに異常な暗愚な宰相として岸田を眺めることになるであろう。

唱えるべきは「反共」でなく「滅共」

総裁選に挑戦しようとする人々が雨後の筍《たけのこ》のように現れた。誰が総裁に当選するか予測するのは私の仕事ではない。しかし、これだけ多くの政治家が乱立するという異常事態を分析する必要があるのは明白だ。総裁選候補者が増加した理由は派閥の力がなくなったことによる。「脱派閥」を主張するのは自由だ。しかし、派閥こそが自由民主党の力の源泉であったという事実は揺るがない。

『君主論』で著名なイタリアの政治思想家マキャヴェリは古代ローマの分析を徹底して行った。それが『ディスコルシ』である。彼の結論は従来までの政治思想家とは異なっていた。貴族派と平民派に分断され抗争を続けたこと自体がローマを強くしたと論じたのだ。ローマは一日にしてならず。

この言葉は正しい。繰り返し行われた派閥抗争こそがローマをローマたらしめたのだと喝破したのがマキャヴェリだった。

自由民主党で自由な総裁選が行われるのは結構なことだ。だが、この総裁選を眺めていても、明確に保守主義の政治理念を唱える政治家がほとんど見られない。日本では「容共」と「反共」という言葉が使われる。しかし冷静に考えてみるとおかしな事態ではないか。共産主義勢力を容認するのは論外としても、反対するだけでも生ぬるい。共産主義勢力を殲滅《せんめつ》するという「滅共」という概念こそが求められるのではないか。人類史における汚点はナチスのホロコーストばかりではない。共産主義者による無辜《むこ》の民の虐殺を忘れることがあってはならない。ソ連の全体主義体制の過酷さを描いたソルジェニーツィンの『収容所群島』、スターリンによる徹底的なウクライナ弾圧を描いたワシーリー・グロスマンの『万物は流転する』、ソ連を尊敬し幻滅したアンドレ・ジッドが書いた『ソヴィエト旅行記』を紐解いてみればよい。あまりに苛烈で醜悪な全体主義国家ソ連の真実が描かれている。

日本ナチス党は存在しない。誰もがナチズムの脅威を理解しているからだ。しかし、日本共産党は存在する。共産主義の脅威についてあまりに鈍感ではないか。自由民主党が保守政党であるとの立場に立ちたいのなら、滅共という立場を取る人が総裁を目指すべきであろう。

国を憂える思想信条なき空疎な政治家たち

岸田に足りなかったのは、保守主義の理念そのものである。例えば、ＬＧＢＴ理解増進法をもう一度思い直してみよう。我が国は信教の自由がある。旧約聖書、新約聖書、コーランを信じる人がいてもよい。彼らの教義の中で同性愛は許されざる罪だと定められている。日本にそのような規定はあっただろうか。

大学院生の時、極左教授から同性愛、同性婚について異常に強調されたことに違和感を覚えた。このとき、徹底的に文献を調べてみた。調べた結果に驚いた。日本に同性愛を差別する文化などなかったのである。同性愛を差別せよという風潮が出来たのは、欧米に見習えという明治以降の話だ。キリスト教文明では同性愛は許されざる犯罪とされてきた。日本でそうしたものを認めているのは野蛮の象徴と捉えられかねない。そのように明治の為政者たちは考えた。

根本から問いたい。日本には同性愛を差別する文化など何もない。他者に寛容であることは望ましいことだ。しかしながら、申し上げておかなければならないことがある。トランスジェンダーの問題だ。科学的にも全く解明されていない。若き日の気の迷いであったとの可能性も否定しきれない。それがトランスジェンダーの問題の複雑なところだ。念のため記しておくが私自身実際にトランスジェンダーである人々を否定するつもりは全くない。国民が理解すべきであろう。その部分に何の違和感も覚えない。ただ、トランスジェンダーの問題は難しい。本当のトランスジェンダーと偽りのトランスジェンダーを見分ける方法は何もないからだ。法は慎重であらねばならない。フランス革命のように権力者を虐殺すれば、それが正義だと考える思想がＬＧＢＴ問題に潜んでいないか。私が危惧するのはこの点である。ただし、岸田はこの点を全く無視した。

しかし冷静に考えてみると、問いたださなければならないのは岸田だけではない。自ら保守政党を謳いながら保守勢力を裏切っている自民党とは一体何なんだろうか。自由民主党には力がある。この力の原点は何か。自由民主党の幹事長を務めた野中広務が端的に語っている。

「あらゆる勝負の基本は分断と懐柔。そのためには、常に情報収集をし、人間関係を深めておかなければなりません」(『憎まれ役』文藝春秋)

確かに政治とはそういうものだ。だが、彼の言葉から思想や信念の重要さを感じるだろうか。野中広務は保守主義とは何かについて己の言葉で説くことができただろうか。自由民主党が堕落し、腐っているというのはこの点だ。政局で勝てさえすればよいと考えているのだろう。しかし、我が国は少しもよくならない。国を憂える思想信条無くして、何のための政治家なのか。

本当に自由民主党とは保守主義を信じる政党なのだろうか。多くの国民が疑問を抱いているはずだ。党の政綱の六「独立体制の整備」の中には、「平和主義、民主主義及び基本的人権尊重の原則を堅持しつつ、現行憲法の自主的改正をはかり、また占領諸法制を再検討し、国情に即してこれが改廃を行う」と書いてある。言葉だけは立派ではないか。この宣言を読む限り、憲法改正こそが自由民主党の一丁目一番地のはずである。自分たちでそのように謳い上げているのだから。

江藤淳が喝破した「自民党の社会党化」

しかしながら考えてみると、自由民主党とは自らの政党の理念を裏切るようなことを次々と行ってきた政党である。多くの若者が自由民主党を保守政党だと信じている。だが、それは安倍晋三という稀有な政治家が総理大臣になったためだった。安倍晋三以前の自由民主党は保守政党としての矜持《きょうじ》を全く欠いていた。この惰弱な情けない自民党を一喝したのが安倍晋三だった。

１９９４年、自社さ連立の村山政権が成立した際、社会党が大きく変化したといわれる。日米同盟を否定し自衛隊を否定していた愚かな政党が日米同盟の堅持、自衛隊の擁護を打ち出したのだ。社会党が変わったと誰もが信じていた。この時に異を唱えたのが江藤淳だった。江藤は社会党が自民党化したのではなく、自民党が社会党化したと喝破した。

振り返ってみよう。自民党にはどんな政治家がいたのか。宮澤喜一という総理大臣がいた。御厨貴との対談の中で、宮澤喜一は次のように語っている。念のため言っておきたいが、宮澤喜一は自由民主党の総裁であり、総理大臣になった男だ。

「自衛隊は事実上軍隊でしょうから、それを持てないということが九条に書いてあるのはおかしいといえばおかしいのですが、私は―これは少し英米法的な考え方なのですが―そういうおかしなことが書いてあってもいいという気がするのです。そういう条文があって、その下で自衛隊が五〇年間、変転を経ていまの姿になってきたわけです。それは事実なのですから、そうなったからといって条文そのものを変える必要はないだろうと思っています。（中略）一種の歴史的な所産としてあってもいいというのが私の気持ちにはあります」（『聞き書　宮澤喜一回顧録』岩波書店）

おかしいのは宮澤喜一である。笑うに笑えない冗談のような話である。自分でもおかしいと認めておきながら、なぜ日本国憲法をそこまで擁護したいのか、理由が分からない。英米法に通じていると自称しながら、エドマンド・バークの名前すら挙げることなく政治を語るとは滑稽である。自分一人が知識人だと思っている、それが宮澤喜一である。

宮澤喜一だけではない。愚かな自由民主党の有力政治家には事欠かない。皮肉だが、左翼の宝庫、それが自由民主党だろう。

自由民主党の幹事長を務めた古賀誠は次のように語っている。

「戦後74年、わが国は一度として、まだ他国との戦火を交えたことはありません。平和の国として不戦を貫くことができています。これは憲法9条の力であり、だからこそ憲法9条は世界遺産な

のです」(『憲法九条は世界遺産』かもがわ出版)

戦後日本が平和であったのは憲法9条があったためではない。堅牢なる日米同盟があり、自衛隊の必死の努力があったからに他ならない。憲法9条があれば平和であると言うのならば、ウクライナに憲法9条があれば平和だったのだろうか。

「自衛隊のことを憲法に書かせてもダメだという議論になるのです。1項、2項とも残して自衛隊のことを書くと言いますが、少しでも憲法9条改正につながるようなことは針の穴程度でもやってはダメなのです」(同)

憲法改正をしてはならないと堂々と公言する政治家が自民党の重鎮として存在した。異常な事態である。宮澤喜一にしろ、野中広務にしろ、古賀誠にしろ、保守政治家としての気概など微塵も感じない。本当に平和を守りたいと願うなら、他国が攻めてきたときに、どのように対処するのか、その部分を真剣に考えるべきであろう。日本は攻められない。日本が侵略しなければ、他国から侵略されることはない。こうした思考は一言で斬り捨てるとしたら、愚昧である。愚かなのだ。

日本軍を断罪した河野洋平を糾弾する

自由民主党の総裁を務めた河野洋平という政治家も全く同じような思想を開陳している。

「河野談話を出したのは八月四日である。翌日の内閣総辞職を前に、宮沢総理とも相談し、その支持を得て、談話を出すこととなった。宮沢総理も、『慰安婦』とされた女性たちの聞き取りの報告を受けて、大変にその被害の重さに衝撃を受けておられた。宮沢さんという政治家を私が尊敬してきたのは、宮沢さんが恥を知る政治家であったからである。過去の恥ずべき行ないについて、人間として恥ずかしいと感じ、それを政治に反映させていくことのできる政治家であったとも言える」(『日本外交への直言』岩波書店)

恥ずかしいのはこういう政治家が日本に存在することである。先人の行為を恥ずべき行為であると罵り、自分自身が恥ずべきことを一切していないと宣《のたま》う。その姿勢こそが恥ずかしい。日本国民を愚弄するのもいい加減にしろ。証拠が一切ないのに日本軍を罵倒した。それが河野洋平の正体である。次の言葉も吟味してみよう。

「談話に対して、官憲が強制連行したという明確な証拠はないという批判が最近も見られるが、まず、当事者の方々の証言に謙虚に耳を傾けるべきであると思う。日本政府の調査に対し、当事者の方々がそのつらい体験を話してくださったのは、こちらの姿勢への信頼が生まれて初めて語ってくださったのである。『証拠がない』という批判は、その信頼を裏切るものだと、まず指摘しておきたい」(同)

証拠がないと自分自身で認めていることに注目しよう。一切の根拠もなしに日本軍を断罪しているのである。何の根拠があってこのようなことが言えるのか。根拠がないことが根拠である。かつてギリシャにはソフィストという人々が存在した。修辞に長けた人々だった。申し訳ないが河野洋平の言葉には修辞に長けた部分が一切ない。日本国民を愚弄するのも大概にした方がよい。

吉田茂自身が否定した「吉田ドクトリン」

保守主義の理念を掲げることがないままに、保守政党と自称してきたのが自由民主党に他ならなかった。そもそも戦後の我が国の歩みは異常である。「吉田ドクトリン」が賢明な戦略だと位置づけられてきた。祖国の防衛を他国に委ね、経済活動にのみ邁進《まいしん》する。誰がどのように考えてみても健全な独立国家ではない。実際に吉田茂自身が吉田ドクトリンを否定していたことは、日本国民として覚えておくべき事柄だろう。吉田は大東亜戦争に敗北した直後、焼け野原となった日本を復興するために、苦渋の選択として吉田ドクトリンを採用した。しかし、驚異的な経済復興を遂げたのち、それでもなお他国に祖国防衛を依存し続けるとは考えていなかった。

自由民主党総裁候補たちに問いたい。あなたたちにとっての保守主義とは何か。祖国の歴史を否定する教育。自国を自国で守ろうとしない憲法。祖国を呪詛《じゅそ》することを正義であると考えるアカデミズム。こうした事柄を守り抜くことは保守主義とは無縁である。悪しき因習を改革することこそが保守主義者の使命に他ならない。日本を守るために守るべきものを守りながら改革する。改革の思考なき保守主義など存在しえないことを自覚すべきなのである。

今回の総裁選を眺めていると、高市早苗、小林鷹之の二名が健全な保守政治家の資質を備えていると思われる。「後に続くを信ず」との言葉を遺した特攻隊の青年たちの気持ちに応えられるのは誰か。日本再生を果たせるのは良識ある保守主義の精神を有する者だけである。愚昧でリベラルを標榜する政治家が総裁となり総理大臣となれば、日本の将来は立ち行かない。我が国にとって正念場とも言える総裁選となる。決して我々の祖国日本を滅ぼしてはならない。

２０２４年10月号　雑誌「正論」

第2章　憲法改正は〝夢のまた夢〟

空疎な憲法21条「検閲の禁止」の欺瞞

憲法記念日が近づいたこともあり、憲法全文を読み直した。空疎という言葉しか思いつかなかった。空想的な前文や第9条も空疎だ。自国の平和を「諸国民の公正と信義」に頼るなど、およそ独立国家の戦略ではない。しかし、最も空疎に感じたのは、意外かもしれないが第21条だった。ここでは次のように書かれている。「検閲は、これをしてはならない。通信の秘密は、これを侵してはならない」

なぜ、この条文が空疎なのか。日本国憲法が制定された当時、連合国軍総司令部（ＧＨＱ）によって、徹底的な検閲が行われていたからだ。憲法の成立にＧＨＱが関与している事実を発表することは許されなかった。検閲を禁止する憲法は、検閲によって我々の言葉が奪われた時代に成立したのだ。

実際に占領期の検閲資料を収集した「プランゲ文庫」で検閲の実態を確認できる。これは国会図書館にマイクロフィルムが所蔵されており、誰でも閲覧が可能だ。一つだけ実例を挙げよう。ギリシャ哲学の泰斗、田中美知太郎が『中央公論』に発表した「宗教批判の一課題」と題する論考だ。ここでは次のように書かれている。

「人々は何の摩擦も矛盾も感ずることなしに国家崇拝や君主崇拝に統一され、無意味な戦争を絶対神聖視したのである」

痛切な大東亜戦争に対する批判である。だが、本来の草稿には続きがあった。検閲官の英文資料によると次の趣旨の言葉があったのだ。

「しかし、我々はこの種の実例をプロテスタントあるいはカトリックの西洋の国々でも発見することができる」

つまり、単なる日本批判ではなく宗教と戦争との関係について論じていたのが当初の田中論文であった。この部分が「プロパガンダ」に該当するとして削除されている。結果として、この箇所は日本のみを批判しているように読み取れてしまうのだ。こうした些細《ささい》な文言までが徹底的な検閲によって奪われていたのである。なお、後年、出版された『田中美知太郎全集』で確認してみると、雑誌に掲載された検閲後の本文が収録されている。被占領期に発表された論考は、英文資料によって確認しなければ、本来の意味が分からない。

日本国憲法を「平和憲法」と呼び、「世界遺産」にせよとの主張もある。言論は自由だが、私には悪い冗談にしか聞こえない。我々の言葉が奪われた時代に成立させられた憲法なのだ。この憲法を肯定するにせよ、否定するにせよ、歴史的事実を直視すべきだ。事実を無視した日本国憲法礼賛論は、端的に言っていかがわしい。

2024年4月29日　産経新聞

「平和主義」が戦争を招く逆説

俄《にわか》には信じ難いと思った人が多かったのではないか。２０２２年2月、ロシアが平然とウクライナに侵攻した。戦争を忌避し、平和を愛好する日本国民にとっては衝撃的な事実だった。21世紀においても戦争は勃発するのだ。

戦後日本において至上の価値とされたのが平和だったが、その「平和主義」には致命的弱点があった。それは平和を如何に維持するのかという具体的で現実的な方策が一切語られてこなかったことだ。祈りさえすれば平和が訪れるという幻想、憲法9条を守りさえすれば平和が実現するという全く非現実的な「平和主義」は、平和を愛好するという意味では尊いかもしれないが、平和は懸命な努力の上にしか成り立たないという平凡な真理を日本国民に忘れさせたという意味では、罪深い概念だった。

「汝《なんじ》、平和を欲するなら、戦いに備えよ」

古代ローマの格言だが、平和は戦争の準備によって維持されるという逆説を端的に示している。祈り、念じてさえいれば平和が訪れるのではない。次なる戦いに入念に備えたときにこそ平和が維持されるのだ。逆に言えば、平和のため戦争を避けようと欲したが故に、大きな災厄が降りかかることがあるのが歴史の真実なのだ。

例えば、第一次世界大戦後に訪れた平和が再び崩壊していく過程を見るだけで、それは明らかだ。1936年、ベルサイユ条約で軍備を制限されていたナチス・ドイツが再軍備を宣言し、ロカルノ条約で非武装地帯と定められたラインラント（現在のドイツ西部）に進駐した際、英仏両国は表面的に抗議するのみで、真剣に排除しなかったため、これは事実上、ヒトラーの国際秩序破壊を是認するものとなった。増長したヒトラーはオーストリアの併合、チェコスロバキアの併合へと突き進み、ついにはポーランドに侵攻し、第二次世界大戦へと至る。英仏の指導者は目先の平和を重んずるあまり、ヒトラーの暴走を容認することになった。

後に米国の国務長官を務めたキッシンジャーは、ヒトラーの要求を拒絶できなかった英仏の政治家たちの心理を次のように喝破している。

「戦間期の民主主義諸国の政治家たちは、バランス・オブ・パワーが崩れることよりも戦争を恐れたのであった」

簡単に言えば、当時の英仏の政治家は戦争を恐れ、次々とヒトラーの野望の実現に手を貸し、その結果、万事休すという状況になり戦争に至ったのである。小さな戦いを避け、絶望的なまでに巨大な戦争に突入することになったのだ。

15〜16世紀の政治思想家、マキャヴェリは『君主論』において、徒《いたずら》に戦争を避けようとする愚について論じている。

「戦争は避けられるものではなく、尻込みしていれば、敵方を利するだけ（だ）」

この言葉通り、英仏はヒトラーに妥協と譲歩を繰り返し、時間を与えたことによってドイツの軍備は精強なものとなっていったのだった。

時代錯誤と嘲笑されたチャーチルの慧眼

実は当時、これに警鐘を鳴らした人物が、わずかながらいた。しかし、目先の平和にとらわれた多くの国民は、彼らに耳を傾けようとしなかった。英国のチャーチルはヒトラー率いるドイツが再軍備を宣言した際、英国空軍を創設して対抗すべきであると説いた。まさに平和を欲するが故に、戦いに備えよと説いたのだ。しかしながら、当時、まだ首相にもなっていなかったチャーチルの救国の訴えは「危険」「大げさ」と嘲笑され、軍縮こそが平和のための唯一の方策であると退けられた。

１９３８年にドイツのズデーテン地方（現在のチェコ領）併合を認めたミュンヘン会談は対ドイツ宥和《ゆうわ》政策の失敗の象徴として現在では有名だが、当時は違った。これでヒトラーの野望は十分に達せられ、これ以上を望むことはあるまいというのが宥和派の論理で、その決断を下したチェンバレン首相は平和を守り抜いた政治家として絶賛された。この際にもチャーチルは獅子吼《ししく》した。「（チェコスロバキアの放棄は）われわれが受ける罰の始まりにすぎない。苦い飲み物の最初の一口にすぎない。われわれが健全な精神と強い軍事力を最高の状態にまで快復し、かつてのように立ち上がり、自由のために戦わないかぎり、毎年、この苦い飲み物をのまされることになるだろう」

チャーチルの言う通り、この後、欧州の自由はナチス・ドイツによって危機に瀕する。慧眼《けいがん》だったのは平和のため戦いに備えよと訴え続けたチャーチルであり、平和のために平和を守ろうとしたチェンバレンではなかった。

具眼の士はフランスにも存在した。若き日のド・ゴールである。軍人であり、後に大統領にもなる彼は、名著『剣の刃』で第一次世界大戦後のフランス民衆の気分について次のように、警鐘を鳴らしている。

「戦争を呪い戦争を過去の遺物だと信じる神話がいたるところに広まっている」

残念ながら戦争を厭《いと》うだけで戦争はなくならない。平和を守り通そうとするならば、戦いへの備えが必要だ。ド・ゴールはナチス政権誕生前から、戦争への備えを説いた。戦争は過去の遺物などではなく、眼前の危機だと指摘したのだ。しかし、第一次世界大戦という未曽有の大戦争で多くの人々が死傷し、戦争を厭う雰囲気が充満していたフランスでは、多くの国民は戦争を忌避するのみで戦《いくさ》への備えを想定することさえ拒絶した。その結果が、第二次大戦であった。

憲法に堂々と自衛隊を明記せよ

平和のために平和を欲する人々のことを「平和主義者」と呼ぶならば、チャーチルもド・ゴールも平和主義者ではない。彼らは平和主義者から時代錯誤と嘲笑された人々だった。しかし、彼らこそが具体的に平和を守り抜こうとする人々に他ならなかった。

翻って我が国の現状はどうだろうか。

安倍晋三元総理が成立させた平和安全法制を考えてみたい。これは国連憲章で容認された集団的自衛権の行使を限定的に認めるとの内容で、日米同盟を深化させるために必要な法制だった。いずれかの内閣で成し遂げねばならぬ仕事だったが、誰も手を付けようとはしなかった。安全保障の問題に具体的に手を出すと極端な非難を受けるからだ。

実際に平和安全法制は「平和主義者」たちによって「戦争法案」と指弾され、「徴兵制がやってくる」と糾弾された。しかし、現在に至るまで戦争は勃発していないし、徴兵制も行われていない。具体的に平和を守ろうとする態度を非難する「平和主義者」の扇動的非難は誤りだった。

「平和主義者」たちは、プーチンのロシアによるウクライナ侵攻を目の当たりにしてもなお、目を覚まそうとしない。

冷静に考えてみれば、日本の平和を維持してきたのは憲法9条ではなく、自衛隊と日米同盟の存在があったからなのに、いまだに多くの憲法学者は自衛隊を違憲の存在と主張する。違憲の存在によって守られている我々《われわれ》の平和とは一体何なのか。具体的に平和を守るためにこそ、憲法9条を改正し、自衛隊を堂々と憲法に明記すべきときを迎えているのではないか。

2022年5月1日　産経新聞

ウクライナ戦争が証明した「平和憲法」という幻想

国際法を無視したロシアのウクライナ侵攻は、多くの日本国民に衝撃を与えた。わが国の「平和憲法」の幻想が、所詮は幻想にしか過ぎないという事実を明らかにしたのである。

「憲法9条を守っているから日本は平和だ」

幾度となく繰り返された不思議な論理である。なぜ、憲法9条を維持し続ければ日本の平和が守られるのか、そこに合理的な説明は何もない。だが、「リベラル」を自称する多くの人々には常識的な命題として受け止められてきた。そして、憲法9条を改正しようとする人々を、あたかも平和の破壊者であるかのように攻撃してきたのが彼らであった。

合理的説明を拒むが、ある人々にとっては明白な事実と受け取られる命題。これは信仰の領域に属する命題といってよい。

「死者の復活」など、信仰を持たざる人間からすれば、まるで信じがたい非論理的な事柄だが、信仰する人々にとっては重大で明白な事実として受け取られる。

信仰は論理を拒絶する。宗教に論理がないわけではない。信じるという決断をした人々を待ち受けているのが神学だ。確かに神学は論理的だが、神学から信仰は生まれない。信仰から神学が誕生するのである。信仰する人々の間でのみ通じる論理が神学だ。

信仰は自由だし、他人の信仰を否定する人間は野蛮だろう。だが、国防は宗教とは異なる。安全保障政策は信仰の対象ではあり得ない。なぜ、憲法9条を守れば日本の平和が保たれるのかについて、論理的な説明が求められて当然のはずだ。

しかし、彼らは論理的な説明を一切拒絶し、自らの信仰の正しさを語るばかりであった。いわく、「平和憲法を守れ!」「憲法9条が平和を維持している!」「憲法9条を世界遺産に!」——。信仰せざる人々にとっては、全く受け入れられない非合理的な説明、絶叫でしかなかった。

「リベラル」は「平和憲法」の論理を語ろうとしなかったが、論理以前に事実が「平和憲法」という信仰が虚妄、幻想に過ぎないことを明らかにした。仮に、憲法9条が一国の平和を維持し、他国の侵略を妨げるとするならば、憲法9条が存在すればウクライナの平和が維持できたことになる。

だが、誰もウクライナに憲法9条が存在しなかったから、ロシアのプーチン大統領が侵略を決断したとは考えないはずだ。

国際法を無視し、国際秩序を蹂躙《じゅうりん》してでも自らの野望のために他国を侵略する国家が存在する。こうした過酷な現実を受け止めるときだ。「平和憲法」という幻想から目覚める時期が到来したのである。

2022年4月4日　夕刊フジ

憲法9条の力を信奉する古賀誠の影響力

ロシアのウクライナ侵攻を機に、「護憲派の論理」について真面目に調べてみた。一体どのような理屈に基づいて「憲法9条で日本を守る」というのか。なぜ、「憲法9条が素晴らしい」と述べているのか。一切の偏見を排して、彼らの主張を精査してみた。

しかし、彼らは憲法9条が素晴らしいと主張するのみで、具体的な内容がほとんど存在しなかった。

憲法問題を精査している中で、最も問題だと感じた書籍のタイトルは『憲法九条は世界遺産』、出版社は「かもがわ出版」。日本共産党の政治家が執筆したものではない。自民党の幹事長まで務めた古賀誠が著者である。

古賀は次のように述べている。

「戦後74年、わが国は一度として、まだ他国との戦火を交えたことはありません。平和の国として不戦を貫くことができています。これは憲法9条の力であり、だからこそ憲法9条は世界遺産なのです」

日本が他国との戦火を交えたことがないのは事実であり、不戦を貫いているのも事実だ。しかし、それが「憲法9条の力」であると決めつけることは誤りだろう。日本の平和を守るために日夜汗を流している自衛隊、そして、強固な日米同盟が存在するからこそ日本の平和が守られてきたのだ。仮に、自衛隊、日米同盟が存在しなかったとしてみよう。戦後日本の平和が保てたとは到底思えない。憲法9条で日本の平和が維持できたとは根拠なき断言に過ぎないだろう。

さらに、古賀は次のようにも主張している。

「自衛隊のことを憲法に書かせてもダメだという議論になるのです。1項、2項とも残して自衛隊のことを書くと言いますが、少しでも憲法9条改正につながるようなことは針の穴程度でもやってはダメなのです」

憲法9条の第3項に、自衛隊を書き込むという自民党の改憲案についての牽制だ。いまだに、憲法学者の多くが自衛隊を違憲だと説き、日本共産党も自衛隊は違憲だと主張している。

確かに、憲法9条第2項を削除するのが正当な改憲論だが、9条3項に自衛隊を書き込む意義は大きい。この「加憲」によって自衛隊違憲論の根拠がなくなるからだ。だが、古賀は自衛隊を憲法に書き込むことすらあってはならないと説くのである。

古賀は宏池会の重鎮として知られる。岸田文雄総理は古賀が宏池会の出身であることを誇りに感じているという。

果たして、岸田総理は「改憲への道」を歩めるのか。ウクライナ侵攻が示した「世界の現実」を無視したような雑音に耳を傾けることなく、憲法改正の大道を歩んでいただきたいと切に願う。この願い、総理の耳に届くのだろうか。

2022年4月8日　夕刊フジ

好戦的な隣国に「反撃能力増強」の意思表示を！

Jアラート（全国瞬時警報システム）が鳴り響く。北朝鮮の弾道ミサイルが発射されたからだ。一部野党は政府の対応を非難するが、根本的課題である北朝鮮のミサイル問題を論じようとはしない。

わが国の固有の領土である北方領土では、ロシアによる軍事演習が展開されている。話し合いによって北方領土が返還される可能性は皆無だろう。帝国主義者、プーチン大統領は領土を拡張する意志はあっても、返還することなど考えていない。

沖縄県・尖閣諸島周辺には、80日以上にわたり武装した中国海警局船が侵入している。武力によって台湾を侵攻する可能性を否定しない中国政府の動向は極めて恐ろしい。台湾は侵攻するが、日本は侵略しないという意見もあるが、その合理的根拠は何もないというべきだ。一度、武力侵攻を認めれば、次なる武力侵攻を否定する根拠など存在しえないからだ。

いまだに「日本は平和である」と信じ込む人々も存在するが、彼らには現実が見えていない。真剣に眺めてみるならば、世界の中でも有数の危険地域、それが日本だ。

わが国の憲法の前文では次のように記されている。

「平和を愛する諸国民の公正と信義に信頼して、われらの安全と生存を保持しようと決意した」

どれほど空虚な言葉なのだろうか。北朝鮮、ロシア、中国といった核保有国に囲まれているのが現状だ。突如、日本海に弾道ミサイルを撃ち込む北朝鮮、無慈悲にウクライナを侵攻したロシア、台湾への野心をあらわにする中国が「平和を愛する諸国」だと信じる人がいるのだろうか。虚妄の文言が憲法に記されているのが現実だろう。

あまりに現実から乖離《かいり》した憲法は正さなければならない。そう考えるのが常識だろう。

だが、わが国では常識が通用しない。「憲法9条が存在するから平和である」という論理的には納得できない議論がまかり通っている。教育の現場では、いまだに憲法9条の素晴らしさがたたえられている。

保守系の言論人には評価されていないが、私は岸田文雄内閣を幾つかの点で評価している。歴代内閣が認めることのできなかった「反撃能力（敵基地攻撃能力）」を認めたからだ。

鳩山一郎内閣以来、課題となってきた「敵基地攻撃能力」。現在の日本が力を傾注すべきなのはここだろう。話し合いによって北朝鮮のミサイルが飛ばなくなる日など永遠にこない。日本の実力によって完膚なきまでに叩きのめされると恐怖したとき、北朝鮮はミサイルの発射を躊躇《ちゅうちょ》する。

危機の日本で喫緊の課題は反撃能力の増強であり、憲法の改正だ。現在でも「自衛隊を認めない」などと宣《のたま》う憲法学者の空論を否定するためにも、憲法改正は急務である。

２０２３年４月19日　夕刊フジ

憲法改正を目指さない自民党に存在価値なし

自由民主党の結党以来の党是として「憲法の自主的改正」が掲げられている。西修をはじめとする憲法学者の優れた研究により、日本国憲法の成立過程の詳細は明らかだ。日本国憲法は日本国民がつくり上げたものではなく、敗戦後の占領下に連合国軍総司令部（ＧＨＱ）によって強制された憲法に他ならない。

しかし、ＧＨＱは徹底した検閲を行い、日本の言論を統制し、この憲法があたかも日本国民が自主的につくり上げたものであるかのように振る舞った。「はじめに言葉ありき」とは新約聖書の有名な一節だが、戦後日本の復興は「はじめに偽りありき」と指摘しておくのが正確であろう。

自民党が「憲法の自主的改正」を党是とするのは、独立国家の政党として当然の姿勢と言ってよい。だが、自民党もまた憲法に関する「偽り」に加担した事実も忘れるべきではなかろう。

憲法９条を虚心坦懐に読み直してみればよい。ここでは明白に「戦力の不保持」がうたわれている。だが、戦力の不保持はあまりにも非現実的だ。それ故に自衛隊が存在しているのである。

戦力の不保持を憲法に掲げながら、実際には自衛隊が存在する。この矛盾を説明する際に用いられたのが「詭弁」に他ならなかった。日本国憲法では「戦力」を保持できない。しかし、戦力に至らない「自衛力」ならば保持が可能だというのである。こうした詭弁が堂々とまかり通っている。

本来であるならば、憲法を改正し、自衛隊を堂々と憲法に位置付けるべきだったのだが、戦後日本の保守政治家、いわば自民党議員たちのほとんどが憲法改正を現実的課題として捉えることはなかった。象徴的なのが、宮澤喜一元総理の叙述である。

「たしかに、自衛隊は事実上軍隊でしょうから、それを持てないということが九条に書いてあるのはおかしいといえばおかしいのですが、私は…（中略）…そういうおかしなことが書いてあってもいいという気がするのです」（『宮澤喜一回顧録』岩波書店）

憲法に嘘、偽りが書かれていても構わないという態度は居直り以外のなにものでもない。

結党以来の党是である憲法改正に反対する人物が、自由民主党の総裁として活躍することが異常な事態に他ならなかった。自民党の結党以来の党是、「憲法の自主的改正」という原点に回帰することこそが自民党存続の唯一の選択肢なのだ。

占領国に強制された憲法を、不磨の大典であるかのように取り扱う政党など保守政党とは呼べない。

敢えて言おう。憲法改正を目指さない自民党には存在価値がないのである。

２０２４年12月14日　夕刊フジ

保守主義の神髄、今こそ中川昭一の遺産に学べ

昭和歌謡の天才、島倉千代子の代表作は「人生いろいろ」だ。かつて小泉純一郎総理が、野党議員の質問に応じて、「人生、いろいろ、会社もいろいろ」と語った日が懐かしい。答弁の際、これだけ国民をバカにした話もないと感じたが、実際には、国民は小泉氏に拍手喝采を送った。政治家ならぬ、役者・小泉純一郎、なかなかやるなと思った瞬間だった。

昨今では、「ダイバーシティ」「多様性」などと呼ばれるが、自民党の強さはこの多様性にあった。「右から左まで」いるおおらかさがあった。

保守主義者の私としては許容できない「左」まで存在した。河野洋平、野中広務、古賀誠など、保守政治家とは呼べない人々が自民党を牛耳っていた。そうした時代もあった。

しかし、中川昭一、安倍晋三、高市早苗といった「本格的な保守政治家」も存在していた。多様性こそが自民党の強みだった。自由民主党には右から左まで政治家が存在した。

現在の野党、立憲民主党にいるのは「左から極左まで」だろう。話にならないのだ。日本学術会議の問題でご活躍の山口二郎・法政大学教授は2024年8月30日、自身のX(旧ツイッター)で、次

のように語っている。

「立憲民主党の代表選挙について、リベラル派市民が野田（佳彦元総理）さんを嫌悪する事情も分かるけど、今の日本でリベラル派は少数でしかないことを理解すべき。そのうえで、政権交代を起こすために中道保守と提携するか、尖ったことを言い続けるリベラルでいたいかを選択すべき。どっちかが悪いという話ではない」

悪いのはそこじゃない、と教えてあげるのは私の最後の優しさだろうか。立憲民主党が政権を担える政党になりたいならば、極左を斬り捨てるしかない。「憲法9条があるから日本は平和だ」と本気で信じているならば、行くべきは国会ではなく、病院だろう。「でも」と言いたいならシールズと叫んでおけ。

保守派が絶対に忘れてはならないのは中川昭一の存在だ。保守本流。安倍元総理の兄のような存在だった。彼が主張していたのは「保守主義」だ。現状に満足し、改革を否定する。これは愚かな守旧主義だ。保守主義ではない。似て非なるものに過ぎない。

守るべきものを守り抜くための改革を辞さない。保守主義の神髄を理解した政治家が中川だった。彼を兄のように慕ったのが安倍に他ならなかった。

中川が無念の最期を遂げ、安倍はテロに斃《たお》れた。日本政治を甦《よみがえ》らせるのは保守主義に他ならない。わが国を守るため、「後に続くを信ず」と敢然と散った青年たちの思いを継承する気概。こうした政治家をわが国の総理に戴《いただ》きたい。
高市早苗と小林鷹之に期待する所以である。

2024年9月6日　夕刊フジ

第3章　「宰相の条件」は安倍晋三に学べ

偉大な政治家は「歴史の法廷」で裁かれる

先日、奈良市の大和西大寺駅前に赴いた。最も尊敬した政治家が凶弾に斃《たお》れた場所である。墓碑も石碑もない中、一心に冥福を祈った。堪え切れぬ涙とともに、改めて政治家とは何かを考えた。

偉大なる政治家の条件とは何か。多くの人々が誤解しているが、それは必ずしも政策に明るいことではない。なるほど、確かに政治家にとって、政策に通じていることは大切だ。しかしながら、全ての分野の政策に通暁《つうぎょう》することは不可能だ。どれほど政策に通じようとも官僚、学者といった専門家にはかなわない。むしろ政治家にとって、専門家をうまく使いこなすことが重要である。専門家に使われるのではなく、使いこなす。この際に重要になってくるのが大局観である。

国家の現状を把握し、進むべき指針を示すこと。可能な限り国民を説得し、時に国民の反対を押し切ってでも、自らの理念を実現すること。これらができなければ、偉大なる政治家とは呼べない。

しかし、当然のことだが、政治は結果責任である。どれほど、高邁《こうまい》な理念を掲げようとも、結果が悲惨なものであれば、政治家としては無能である。いや、敢えて言うならば、国益を害した有害な政治家として、歴史にその名を刻まれる。理念を掲げるのは正しい。だが、結果が全てなのだ。政治において、誤った理念を実現化する以上の不幸は存在しない。

政治家は歴史という法廷に立たされていると喝破したのは中曽根康弘だが、正鵠《せいこく》を射た指摘である。理念なき政治家は凡庸であり、結果の伴わない理念を掲げた政治家は無能、あるいは有害である。国益に資する理念を掲げ、実現した政治家こそが歴史において評価されるのだ。

安倍晋三はまさにその名を歴史に刻まれるべき偉大な政治家だった。限定的ではあったが、集団的自衛権の行使を可能にしたのは安倍の偉業である。振り返ってみれば、誠に時宜にかなった政策実現に他ならなかった。

トランプ前大統領は日米同盟に懐疑的なことで知られていた。米国は日本を支援するが、日本は米国を支援しない。あまりに不平等だと感じていたのだ。米国人としては当然の感覚と言ってよい。トランプは安倍との会話の中でそうした不満を口にした。安倍は即座に答えた。「それは私の前の内閣までの話だ。私は支持率を落としてでも、集団的自衛権を行使可能にした」。トランプは思わず叫んだ。「晋三、侍だ」。日米同盟が守られた瞬間だった。この決断がなければ、日米同盟が瓦解していた可能性がある。

激動する国際情勢の中、日本の真の課題とは何かを見つめ、その解決に向けて果敢に挑戦する。安倍の姿勢こそが、偉大なる政治家の在り方を示している。

2024年6月23日　産経新聞

「尖閣は米国が防衛」に安堵する不健全さ

岸信夫防衛相と、オースティン米国防長官は2021年1月24日、初めての電話会談を実施し、米国の日本防衛義務を定めた日米安全保障条約第5条が、沖縄県・尖閣諸島に適用されることを確認した。

中国の軍事的覇権主義に対抗するために、日米同盟を一層強固なものにしていく必要があるのは当然だ。米国の政権を担うのが共和党であれ、民主党であれ、同盟国として友好関係を構築していくのが日本の戦略の基本である。その意味において、岸氏は重要な仕事を果たしている。

だが、こうした報道がなされるたびに、一抹の寂しさを覚えるというのが、私の正直な感想だ。

「尖閣諸島を米国が防衛してくれる!」ということを喜々として語ることは、独立国家として不健全なことではないだろうか。もちろん、同盟国の支援はありがたい。だが、「自国を自分たちで守り抜く」という覚悟を持たない国家のままでよいのか、と思わずにはいられないのである。

そもそも、同盟関係とは一方的に他国に依存をするものではない。自国を真剣に守ろうと努力しない国家を、同盟国が命懸けで防衛することなどあり得ない。自国の領土を自国の力で守り抜くという気概がなければ、祖国防衛など不可能なのである。

かつて若泉敬という国際政治学者が存在した。佐藤栄作総理の密使として訪米し、沖縄返還に尽力した人物である。口舌の徒ではなく、実際に行動する学者だった。沖縄返還を成し遂げた後、故郷である福井県に戻り、沈黙を貫いた。一切を語らずに過ごすつもりであったのだろう。

だが、若泉の憂いは年々深まっていく。彼が目指していたのは、沖縄返還を契機として、徐々に「自主防衛」に向かっていく独立国・日本の姿であった。だが、現実に日本国民は米国によって守られることが当然であるかのように考え、自国を自ら守るという気概を失っていった。

若泉は、こうした日本の現状を「愚者の楽園（フールズ・パラダイス）」と悲嘆した。

いまだに憲法9条さえ存在すれば平和は守られるという人々は存在するが、全国民の中では極めて少数派であろう。北朝鮮の核兵器、中国の覇権主義に対抗するためには現実的でなければならないと考える人が多いはずだ。そのためには日米同盟を基軸としながら国防を考えるべきであろう。

だが、国を守るという気概がなければ祖国の防衛など不可能だという大前提を閑却してはならない。福澤諭吉は『学問のすすめ』において、次のように喝破した。

「独立の気力なき者は、国を思うこと深切ならず（独立の気概を持たない者は、国家のことを真剣に考えない）」

現在、もう一度思い出すべき至言である。

2021年1月26日　夕刊フジ

「痩せ我慢」なくして国家の独立なし

明治の啓蒙思想家・福澤諭吉が「独立自尊」の重要性を説いたことは周知の事実だ。だが、国家の独立の根本に必要なのが「痩せ我慢」だと指摘したことは意外に知られていない。

独立の精神が「痩せ我慢」を必要とするのは、なぜか。

世界には大国と小国とが存在する。逆立ちしても大国に勝つことがかなわぬ程度の小国も独立国として存在する。小国民の立場からすれば、大国に合併され、大国の一員として生きる方が気楽なはずだ。

しかし、小国は独立国家として生き延びようと努力をし続ける。純粋に客観的な立場から眺めれば、馬鹿馬鹿しい「痩せ我慢」に過ぎないのかもしれない。だが、小国の独立を支えるのはこの「痩せ我慢」なのだ。

米軍が支えてきたアフガニスタン政権は、イスラム原理主義勢力「タリバン」の猛攻を受け、一気に瓦解した。驚くほどあっけない幕引きだった。崩壊したアフガニスタン政権の事例から学ぶべきことは、大きくいって2点ある。

一つは、独立の気概を持たない政権、国家は容易に打倒され、瓦解するという現実だ。アフガニスタン政権は腐敗し、内部での権力闘争を繰り広げるのみで、独立国家として国際社会を生き抜いていく気概が乏しかった。米国頼みが常態化していたのである。

もう一つは、自国のために闘う精神、独立自尊の「痩せ我慢」の精神を持たぬ政権、国家の面倒を永遠に見続ける他国など存在しないということだ。

アフガニスタン政権の崩壊を受け、バイデン米大統領が行った演説には次の重要な一節があった。

「米軍はアフガニスタン軍が戦う意思がない戦争で戦うべきではないし、米国の兵士が死ぬべきでない」

「痩せ我慢」の精神を持たないような軍隊の代理のために米兵は戦うべきでないし、死ぬべきでもないというのがバイデン大統領の指摘なのだ。

翻って、わが国の現状を眺めてみよう。

近年、政権が発足するたびに、米国へ沖縄県・尖閣諸島は日米安保の適用対象となるかの確認が行われている。無論、同盟国として米国が日本を応援してくれるのはありがたいことだ。

しかし、大前提とすべきは、「わが国の領土は、わが国の自衛隊が守り抜く」ということでなければならない。自国の若者が血を流す覚悟を持たず、他国の若者に血を流せと懇請することがどれほど、不気味で非常識であるかについて日本国民は真剣に考えるべきだろう。

何としても自国を守り抜くという「痩せ我慢」なくして独立はあり得ないのは、明治の時代も令和の時代も変わらない。日本国憲法で謳う「諸国民の公正と信義」で、日本の独立は守れない。

2021年8月23日　夕刊フジ

ときには「聞く耳」を持たぬことも宰相の条件

衆院選（２０２１年10月31日投開票）が終わった。自民党は２６１議席を取ったが、決して楽な戦いではなかった。何故なのか。自民党が「保守主義の精神」を忘れたためである。自民党らしさ、保守政党らしさを失った自民党に魅力など何もない、というのが率直な評価である。

現在の日本に求められているのは、「国家としての日本」をどうするかである。他にはない。現在の岸田文雄総理率いる自民党に、国家としての日本を如何にするかの明確な指針が見えなかった。「自民党に任せておいて大丈夫なのか」というのが国民の総意だろう。

岸田は所信表明演説で、アフリカの諺《ことわざ》といわれる言葉を引用した。

「早く行きたければ一人で進め。遠くまで行きたければみんなで進め」

正直に申し上げて、このような言葉を引用することに何の意味があったのか、全く分からなかった。

真面目に考えてみたい。遠くまで行くことが正しいのだろうか。遠くおかしな場所に行っては困るのではないか。遠くなくても近い場所によい場所があるのではないか。近くの温泉よりも遠い北朝鮮にでも行きたい日本国民はいるのか?

そもそも、国家の指導者に求められているのは、何処《どこ》なのか分からない遠いところに行くことではないだろう。自らが国家の進むべき目的を定めて、一歩でも二歩でもその目的地に近づくことではないだろうか。遠ければいいなどというのは、論外だ。

更に言いたい。

岸田は「聞く耳」があることを強調する。しかし、「聞く耳」を持つことは政治家の最低限の条件だ。確かに、他人の意見に耳を傾けない政治家は駄目だろう。独断専行で国を誤る。

しかしながら、「聞く耳」を持ち、「ああ、そうですね」と他人の意見に同調することが、政治家の役割なのだろうか。政治家は「聞く耳」を持ちながらも信念に基づきながら決断する力がなければならない。たとえ、マスコミにたたかれようともこの政策だけは実現したいという、敢えて「聞く耳」を持たないことも宰相の条件だ。

安倍晋三政権においては、集団的自衛権の限定的な行使容認を決定した。これはほとんど全てのマスコミから批判され、自らの支持率を下げることになるような決断だった。

しかしながら、これは日本にとって絶対に必要な決断だった。多くのマスコミに批判されながらも、日本にとって必要な決断を下した安倍元総理は後世、必ずや評価されるであろう。

政治家に必要なのは国民の声に耳を傾けながらも、国家のために決断することだ。

自民党よ、覚醒せよ!

アクロバティックな精神を有した安倍晋三の真骨頂

2021年11月1日　夕刊フジ

あっという間の1年だった。安倍晋三元総理がテロリストの凶弾に倒れ、非業の死を遂げた7月8日が過ぎた。

この不世出の政治家について、さまざまなことが論じられている。屋上屋を架す行為かもしれないが、敢えて「安倍晋三論」を展開してみたい。

安倍は幾つもの重要な法案を通したが、決定的に重要だったのは平和安全法制(安全保障関連法)を整えたことだ。限定的ではあるが、集団的自衛権の行使を可能にした。「戦争法案」、「徴兵制がやってくる」、「日本も戦争に巻き込まれる」などの批判があった。今、思い起こしてみれば見当外れな非難である。

だが当時、左派メディアでは反対論を煽《あお》り立て、国民を恐怖させた。それでも安倍は一歩も怯まなかった。「この法案を通しておくことが、必ずや日本の国益にかなう」という確信があったからだ。まことに時宜にかなった大改革であった。米国でトランプ政権が誕生する前に、集団的自衛権の行使が可能となったことは奇跡と言ってよい。

トランプ大統領は常々、日米同盟に不満を抱いていた。あるとき、トランプ氏は安倍氏に言った。

「あまりに不平等だ。北朝鮮が日本の自衛隊を攻撃した際、米軍は戦う。だが、米軍が攻撃された際、日本の自衛隊は戦わない。おかしい」

安倍は間髪入れずに応えた。

「それは私の前の政権までの話だ。私は支持率を10％下げたが、集団的自衛権の行使を可能にした」

「すばらしい！　サムライだ‼」

日米同盟の危機を救った瞬間だった。安倍の揺るぎない信念によって平和安全法制が整備されていたからこそ、日米同盟が堅持されたのだ。「偉大な功績」と言うべきだろう。

安倍はまた、「自民党の左傾化」を防ぎ、「健全な保守政党」にしようと試み続けた政治家でもあった。

若き日の安倍が所属していた自民党で権勢を振るっていたのは、河野洋平、加藤紘一、野中広務、古賀誠らだ。誰がどのように眺めても、「保守政治家」とは呼べない面々だった。

安倍は、中川昭一らとともに、「日本の前途と歴史教育を考える議員の会」を発足させ、勉強会を開催した。自民党重鎮であった河野が講師を務めた際には、「河野談話」について舌鋒鋭く批判した。

「自由民主党は保守政党でなければならない」

それが安倍の信念であり、行動の大原則だった。

政治家は言論人とは異なり、結果が全てである。結果を無視して信念を貫いても、それは政治家の為すべきことではない。理念を持ちながら、過酷な現実も直視せねばならない。最も理想的でありながら、最も現実的。アクロバティックな（曲芸的な）精神を有した政治家、それが安倍晋三だった。

2023年7月10日　夕刊フジ

「岩盤支持層」に見放されたら終わり

報道各社の世論調査（2022年10月）によると、岸田文雄内閣の支持率が続落している。理由は明らかだ。一部メディアによる、「旧統一教会（世界平和統一家庭連合）問題追及」の名を借りた、安倍晋三元総理や自民党、そして、安倍の「国葬（国葬儀）」批判の影響だ。

旧統一教会の霊感商法などが問題であるならば、法治国家として、法に従って粛々と対応を進めればよい。だが、わずかでも旧統一教会の人間と接点があった政治家が、テロリスト以上の極悪人のごとく非難されるのは、中世の「魔女狩り」のようで、異常な光景だ。

左派メディアは、いわゆる「モリカケサクラ」で、執拗《しつよう》な安倍批判を展開した。しかし、ワイドショーを妄信する人々を除いて、大多数の国民がそれらの非難に扇動されることはなかった。一方、今回は多くの日本人が、一部メディアの口車に乗せられているかのように見える。

だが、もう一度、考えてみよう。

安全保障法制（平和安全法制）を整備しようとした安倍内閣が徹底的にたたかれたときのことだ。「戦争法」、「徴兵制がやってくる」、「戦争に巻き込まれる」――。いずれも事実に基づかない謂《いわ》れなき中傷だった。

この時も、多くの国民が一部メディアに煽られていた。シールズと称する若者たちが注目され、安倍批判一色のように見えた。だが、安倍政権を支持し続けた人々がいたことを閑却すべきではない。彼らこそが、自民党の岩盤支持層に他ならなかった。

自民党の政治家にとって重要なのは、自民党の岩盤支持層に見放されないことだ。彼らの声にこそ、耳を傾けるべきなのだ。自民党の岩盤支持層とは、決して過激な右翼や軍国主義者ではない。安倍の「国葬」の日、献花に訪れた多くの人々が存在した。都心に数キロにもわたる追悼の列ができた。彼らは「死人に口なし」とばかりの、異常な安倍批判に静かな怒りを感じていた人々であろう。

民主主義の根幹である選挙の最中に、テロリストの凶弾に斃れた名宰相を見送りたいと願っていた市井の人々だ。彼らこそ、まさに自民党の岩盤支持層だろう。

国葬実施は岸田総理の英断だった。「聞く力を発揮して国葬を取りやめよ」と主張する一部メディアに対して、毅然とした態度を示した。さまざまな批判があろうが、良識ある国民は国葬を支持していた。彼らの声に耳を傾けたのが今回の決断であろう。

政治において「聞く力」が不要であると主張するつもりはない。だが、より重要なのは「決断する力」である。岸田政権が決断すべきは「安倍路線の継承、堅持」の一言に尽きる。

香港や新疆ウイグル自治区での人権弾圧が指摘され、軍事的覇権拡大を続ける中国といかに対峙するか。これが日本の将来を決定する。国内の些末な問題に拘泥《こうでい》し、大局を見誤ることがあってはならない。

2022年10月17日　夕刊フジ

安保議論を進め、国を導ける宰相こそが本物だ

安倍晋三元総理なき日本が心配だ。そう考えているのは、心ある日本国民だけではない。米ダートマス大学准教授のジェニファー・リンドは、外交専門誌『フォーリン・アフェアーズ』に、「安倍ビジョンと東アジア安全保障」との論考を寄せ、次のように指摘している。

「(安倍は)安全保障議論を進めて国を導くことのできる、知的枠組みと政治的洞察力を備えた数少ない指導者だった」

そして、安倍なき後の日本に対して、次のように憂慮している。

「市民も多くの政治家も国内問題に気をとられ、中国がますます支配力を強めるアジアで（具体的な手を打つのではなく）漫然とよい方向に進むことを願っているにすぎない。日本人が、このまま状況を見過ごすことを選択する可能性もある」

いずれの指摘も正鵠を射ている。安倍なき日本で議論されているのは、ほぼ旧統一教会（世界平和統一家庭連合）問題である。新聞を読んでも、テレビを見ても、「統一教会」「統一教会」と報じている。

旧統一教会の問題行為を批判することが悪いとは言わない。霊感商法や多額の寄付、悲惨な2世信者の問題について議論することは重要だ。だが、日本の問題は旧統一教会の問題だけなのか。

ロシアのプーチン大統領が、ウクライナ侵攻を命じたことは大きな衝撃だった。暴力による現状変更を、国連安全保障理事会の常任理事国が断行したからだ。多くの日本国民もこうした侵略に慄《りつ》然《ぜん》とし、激しい憤りを感じた。あの憤りはどこに消えてしまったのか。ウクライナ侵攻はいまだに解決していないのだ。もう忘れてしまったのか。

目をアジアに転じてみれば、日本にとってより深刻な問題が存在する。台湾問題だ。安倍は「台湾有事は日本有事であり、日米同盟の有事でもある」と喝破し、日本がわがこととして対応すべきであると説いた。

では、この台湾問題はすでに解決したのか。逆である。むしろ深刻度は増している。

中国では10月16日、5年に一度の共産党大会が始まった。大会で習近平国家主席は次のように述べた。

「最大の誠意と努力で平和的な統一を堅持するが、決して武力行使を放棄せずあらゆる必要な措置をとるという選択肢を残す」

端的に言えば、「場合によっては武力侵攻の可能性がある」と世界に向かって明言しているのだ。軍事拡張を続け、武力侵攻もいとわないと公言する中国と、いかに対峙していくのか。国内問題を軽視するつもりはない。だが、累卵《るいらん》の危うきにあるわが国の平和をいかに守り抜いていくのかを真剣に考えなければならない。

安倍の不在は、返す返すも残念でならない。

2022年10月19日　夕刊フジ

【補論】「自民党と保守系知識人」の考察

政治的リアリスト　渡辺恒雄の肖像

日本で最も売れている新聞は読売新聞である。新聞が売れない時代に突入して久しいと言われる。かつて1000万部を誇った読売新聞の実売部数が減少しているのは事実だろう。しかし、他の全国紙と比較して圧倒的に購読されている事実は揺らがない。ところが、面白い現象がある。読売新聞は売れるのだが、読売新聞の傘下にある論壇誌『中央公論』は売れていないのだ。売れる新聞を発行する会社が、売れない雑誌を販売しているとは実に興味深い現象と言えるのではないだろうか。

何故、こうした奇妙な現象が生じているのかを考えると読売新聞、そして読売新聞の主筆であり続けた渡辺恒雄（以下、ナベツネ）の思想が浮き彫りになってくる。

他紙と比較してみて、読売新聞は主義主張が面白くない。左右の立場を旗幟《きし》鮮明にすることが稀なのだ。まさに凡庸なのだ。良くいえば常識的、悪くいえば凡庸というのが読売新聞の社説だろう。朝日新聞のように奇妙な左翼的論調でもなければ、産経新聞のように闘う保守派の姿勢も見られない。最近面白かった主張と言えば、岸田文雄内閣が強硬に進めたLGBT理解増進法に大々的に反対の論陣を張ったことぐらいだ。あとは殆《ほとん》ど読む価値がない。良くも悪くも面白くない社説が掲載されている。

大学院生のときだろうか、評論家の宮崎正弘と保守派の論客数名で山梨県の塩山温泉に宿泊したことがある。恩師、井尻千男の茶会の後だった。温泉を満喫し、文字通り痛飲した。翌朝、宮崎は読売新聞を読んでいた。「おはようございます」と言うと、宮崎は読んでいた新聞を閉じて私に尋ねた。

「岩田君、新聞読む？」

「読売新聞は読みたくありません」

「読売新聞っていうのは読む価値があるんだよ」

「何でですか？　つまらないですよ」

「これは政府の広報紙だよ。自民党が何を考えているのかを書いているだけの新聞、それが読売新聞。これから何を自民党がやろうとしているのかを知るためには読売を読んでおけばいいんだよ」

辛辣《しんらつ》な表現だったが、正鵠を射ていると感じた。

結局のところ読売新聞路線とは、ナベツネ路線にほかならない。齢《よわい》、百歳近くになりながら読売グループの全権を掌握し続けた昭和の妖怪。最後のフィクサーと言っても過言ではないだろう。本稿を執筆している最中、突如、ナベツネの訃報が届き驚いたが、読売路線、中公路線を理解するためには、彼の人生を読み解く必要がある。そして、このナベツネ路線を理解することが、戦後の自民党政治とは何かを理解する上でも重要な役割を果たす。

信条に同居する「反戦」と「反共」

ナベツネには自らの経験から2つの揺るぎない信念がある。「反戦」と「反共」である。この2つの信条は彼の中では密接に関係している。

ナベツネが「反戦」と「反共」を強固な信念とするに至るのは、自らの凄惨な体験からである。大東亜戦争は敗北すると考えていたナベツネは、高校時代からこの戦争に反対していた。だが、当時は徴兵されれば出征せざるを得ない。東京大学の学生で二等兵として入隊したナベツネを待ち受けていたのは、軍隊における理不尽な暴力だった。古年兵に呼び出され、毎日顔面を殴られ、口内は内出血。味噌汁の味も分からないほどだったという。カントの『実践理性批判』を愛読していた東大の哲学青年にとって理不尽な暴力の横行する軍隊組織は忌まわしき存在でしかなかった。そんな組織からの解放が日本の敗戦に他ならなかった。

終戦を迎えたナベツネの胸には、「天皇制」と「軍隊」こそが諸悪の根源との怨恨の念があった。そんなとき、東大で目にしたのが共産党のビラだった。明確に「天皇制打倒」と掲げられていた。社会党を含め、他の政党のビラに「天皇制打倒」の文言はなかった。こうしてナベツネは共産党に入党することとなる。

だが、共産党に違和感を覚えるのも早かった。１９４７年の二・一ストの際、共産党の論理に拒絶反応を示す。党の中央委員が集まった学生党員の前で演説した。学生党員の任務は電源爆破だというのだ。当然のことだが、電気がなくなれば困るのは一般国民である。なぜ国民生活を破壊するような作戦を共産党は展開するのか。誰もが疑義の念を抱く。中央委員は説明した。電気がなくなれば人は飢える。飢えたときにこそ人民は賢くなり、革命が実現する。生活が困窮すれば、現在の資本主義制度の矛盾に気付くというのだ。他にもこうした事例はあった。キャスリン台風が襲来し、多数の人が亡くなった。この被害が甚大だと聞いたとき、徳田球一は「しめた」と言った。狂っている。だが、これは日本共産党だけの特殊な論理ではない。共産主義者の革命理論なのだ。

１８９１年から92年にかけて、ロシアのヴォルガ地域は危機状態にあった。飢饉が襲い、続いてコレラとチフスが蔓延した。この時、レーニンの姉は市内で病人に薬や助言を与えて助けまわった。協力を求められたレーニンはにべもなく、この申し入れを拒絶した。レーニンに従えば飢饉は「進歩的要因」としての役割を果たしており、人道的救済は進歩を遅らせるというのだ。人民はこうした災厄に手をこまねいているロシア帝政を恨む。この怨恨が革命を実現すると考えるのだ。全てを捨てて革命の実現を優先する。それが共産主義の特徴である。だが、ナベツネにはこうした共産主義の理屈を狂っていると考える常識があった。彼は理性的だが、常識を持っている。

だが、ナベツネが共産党時代に学んだのは共産党の非人道的な戦略だけではなかった。彼は、ここで政治、組織運営の技術を習得する。その後、読売新聞に君臨することになる政治力を培ったのは学生時代の共産党体験にあった。その本質は、組織運営のために必要なのは結束した少数で構わないというレーニンの「前衛」理論に極めて酷似している。レーニンは極度な愚民思想の持ち主だった。労働者を放置しておけば、安逸な生活に満足し、革命への道を歩もうとしない。それゆえに、労働者を革命へと指嗾《しそう》する「前衛」を組織化する必要性を説いていた。

ナベツネは述懐している。

「本当に一人で一〇〇人は動かせるんだとわかった。百人で一万人が動かせる。そういう計算になるわけですよ。（略）それが共産党体験で得た最も役立つことだった」

政治的リアリスト

「反戦」と「反共」を自らの信条とするナベツネは政治を正面から見つめる現実主義者でもある。一人が百人を動かせるという命題は、夢想主義者の夢物語ではない。自身が共産党体験から学んだ政治の現実なのだ。ナベツネは左右にかかわらず、夢想、妄想の類を嫌悪する。だから、自衛隊や日米同盟を否定する社会党が唱えた「非武装中立」のような極端な妄想夢想論に与《くみ》することはない。これもまた常識から外れているからだ。

政治記者としてナベツネは政治の現実を直視することになる。彼自身は自民党・党人派の大物であり、自由党幹事長、自民党副総裁を歴任した大野伴睦に可愛がられた。大野に関与する形で、若き政治記者が日本の政局や外交問題にも深く影響力を行使することとなったのだ。そんな彼が政治の現実をまざまざと知ることになるのは、岸信介と大野とのやり取りを目の当たりにしたからだ。

岸は１９５６年の総裁選に関して、大野の協力を得ようとする。その際に、大野は次のように述べた。「心境は白さも白し富士の白雪」。総裁選に関与しないとの言葉にも受け止められるが、政局が大きく動く瞬間において、実力者が無関与などという事態はありえない。事実上の岸の要請を拒絶する一言だった。

結果、岸は石橋湛山に敗れることになる。だが、石橋が病に斃れ、岸内閣が誕生すると岸と大野は手を結び、岸総理の次は大野総理との密約を交わす。難航していた安保改定が無事に収束すれば大野に政権を禅譲するとの密約だった。

岸内閣が退陣し、大野は岸に総理の禅譲を迫る。大野の密使に対し、ナベツネの前で岸は次のように述べた。

「私の心境は、白さも白し富士の白雪ですよ」

ナベツネはこのときの感想を率直に綴っている。

「その時の岸の表情に、私は戦慄に似たものを感じたのを、覚えている」

そして、このときに彼は政治の現実を思い知る。

「これは、あざやかな復讐ではないか……と私は思った。政治はもはや、理性ではない、と思い知らされたのであった」(渡辺恒雄『自民党と派閥』実業之日本社)

政治に理性が必要なのは当然だ。しかし、理性だけで政治は動かない。理性を超えた情念をも踏まえてこそ、真に政治を理解することになる。ナベツネの判断は誤っていない。

また、ナベツネは憲法改正をすべきであるとも言う。例えば、憲法9条は欺瞞以外の何ものでもない。戦力なくして国家を守ることはできない。彼は国際的な学識を無視するような暴論を吐くことがない。だからこそ、武力なき平和などという左翼の論説は否定する。そういう意味では現実主義的だ。反左翼を右翼というならば、ナベツネは右翼である。

だが、彼の反戦イデオロギーは根強い。彼は歴史認識をめぐっては中国や韓国と近い立場にある。最も象徴的なのが靖国神社に対する認識である。彼の「反戦」、「反軍」の血が騒ぐのだ。とりわけ戦争指導者に対する態度は露骨である。終戦の宰相、鈴木貫太郎にも手厳しい。

「終戦に導いたということで鈴木貫太郎首相を持ち上げる人がいるけれど、総理に就任したらすぐに戦争をやめるべきだったんだ。それをグズグズして、その間に僕らの仲間が特攻隊で殺されていったんだから。これは本当に腹が立つね」

ナベツネは指導者の戦争責任を追及する姿勢に妥協がない。

「勝ち味のない戦争に、なぜ突入したのか。何百万人という犠牲者を出しながら戦争を継続し、かつ敗戦が確定したにもかかわらず降伏をためらって、原爆投下やソ連参戦により、悲惨な被害を一層、拡大したのか」

日本が降伏をためらって国民は塗炭の苦しみを舐めた。巷間《こうかん》、流布している俗説である。だが、これは事実誤認である。まさしく読売グループ傘下にある中央公論新社から出版されている長谷川毅『暗闘：スターリン、トルーマンと日本降伏』を一読すればよい。「無条件降伏」を唱えて妥協しなかったルーズヴェルト、原子力爆弾を投下し、世界に自らの力を誇示しようとしたトルーマンは日本の降伏を認めるつもりなどなかった。日本の指導者たちが敢えて降伏しなかったのではない。アメリカが日本の降伏を認めようとしなかった。これが歴史の事実だ。ナベツネは自らの悲惨な戦争体験を呪詛するあまり、現実を見つめる眼が曇っている。反戦イデオロギーに囚われているといってよい。彼のリアリズムの限界といってよいだろう。

「1000万部の力で倒す」

こうした思想に基づいて、ナベツネは絶対に総理大臣による靖国神社への参拝に反対の立場をとる。『北京週報日本語版』のインタビュー記事で、次のように語っている。

「今後誰が首相となるかを問わず、いずれも靖國神社を参拝しないことを約束しなければならず、これは最も重要な原則である。安倍氏は参議院選挙の後に引き続き首相でありつづけるが、私も彼に絶対に靖國神社に行ってはならないと進言しなければならない。もしその他の人が首相になるなら、私もその人が靖國神社を参拝しないと約束するよう求めなければならない。さもなければ、私は発行部数1000万部の『読売新聞』の力でそれを倒す」

これは紛れもなく政治的な権力者の発言である。マスメディアの矩《のり》を踰《こ》えた発言といっても過言ではあるまい。自らの意向に沿わなければ、時の総理大臣すら打倒できるとの自負があり、自らはそうすべき責務を有していると考えているのだ。

そして、それは彼の誇大妄想ではない。彼は幾度となく日本の政局を動かしてきた。例えば、小渕恵三内閣が参院過半数割れの状態で行き詰まった際に、フィクサーのように振る舞ったのがナベツネだった。当時の野中広務官房長官と小沢一郎自由党党首の橋渡しをしたのがナベツネだった。いうまでもなく、自民党竹下派が分裂した際、犬猿の仲になっていたのが野中、小沢の二人だった。かつて野中は小沢を「悪魔」とまで漫罵した。この両者の会談の機会を創りだしたのがナベツネその人に他ならなかった。こうして自自連立内閣が成立し、その後、自自公連立内閣へと変化し、現在に至る自公連立政権の基盤となったのだ。ナベツネは自らが読売新聞1000万部の力で現実を変化できると嘯《うそぶ》くだけではない。実際に、現実政治を変化させてきたフィクサーでもあったのだ。

マスメディアは権力を監視するという。しかし、ナベツネの思考方法は逆だろう。マスメディアそのものが至高の権力に他ならないとの驕りがある。

この思考方式は、まさにナベツネが共産党体験で得たという教訓と似ている。1人で100人を動かすことが出来るのであれば、100人で1万人を動かすことが出来る。仮に、1人で1000万人を動かすことが出来る人物が存在するとすれば、1億2000万人の日本国民を動かすことなど容易《たやす》いとの結論に至るだろう。

確かに、『読売新聞』1000万部の影響力は侮れない。だが問題なのは、ナベツネの思想で世の中が変えられるという思考方法だ。彼は『読売新聞』を完全に私物化していたと言われても致し方あるまい。自分の「反戦」イデオロギーを紛うことなき正義と思い込み、総理大臣が靖国神社に参拝することは絶対悪だとして反対する。そうした思想は個人の自由だ。だが、彼は自らの新聞で、1000万部の力を行使して世論を変えるのだという。そして、逆らうものは叩きのめすともいう。完全に読者は自らの意向で操れると考えているのだろう。思考方法がナチス宣伝相のゲッベルスや「前衛」が大衆を指導すべきだと考えていたレーニンと変わらないのだ。

最期まで主筆という立場に固執していたが、それには根拠がある。読売新聞では、主筆こそが社論を決定する権力を握っているからだ。自身で次のように語っている。

「私は主筆という立場です。そして、主筆は社論を決定する権限がある。論説委員のチームは、主筆の決定に従わなきゃならない。そして、論説委員のチームに対しては、取締役会とか、株主、従業員、労働組合等は介入できない。そういうふうにして言論の自由を保障してあるんです」

読売系知識人の限界

こうした仕組みによって言論の自由が保障されているとナベツネは言うが、本当だろうか。ナベツネの意向に逆らった言論が読売新聞に掲載されることなどあったのだろうか。読売新聞の社員でナベツネに逆らう勇気を持った人などいないはずだ。制度として主筆に逆らえない仕組みになっているからだ。

こうした読売新聞から常識を覆すような卓越した見解が表明されることがないのは自明といってよいだろう。それゆえに、その傘下にある『中央公論』もまた常識的な見解が展開されている。読売新聞で書いてあることをなぞるような記事が多いのはそのためであろう。決して共産主義を擁護する左翼ではないが、歴史の見方そのものは凡庸だ。ナベツネの「反軍」イデオロギーの内部に収まるような議論に終始しているのが最大の特徴だ。具体的な名前を挙げれば、北岡伸一東京大学名誉教授や細谷雄一慶応大学教授といった人物が読売新聞、中央公論では重用される傾向がある。

ナベツネと北岡の関係を象徴するのが終戦70年にあたる２０１５年に出された「安倍談話」についての共闘関係だ。「反戦」、「反軍」を思想信条とする主筆、ナベツネに率いられた読売新聞では「首相は『侵略』を避けたいのか」との社説を掲げ安倍談話に「侵略」の言葉を用いるように迫った。

「戦後日本が侵略の非を認めたところから出発した、という歴史認識を抜きにして、この70年を総括することはできまい」

これに呼応するかのように北岡は次のようにシンポジウムで述べた。

「私は、安倍首相に『日本は侵略した』と言ってほしい」

両者の蜜月関係は明らかと言うべきであろう。

「オールド・メディア」と「ネット・メディア」

最後にもう一点だけ指摘しておこう。『朝日新聞』、『毎日新聞』、『東京新聞』等々が左傾化していることは、今日白日の下に曝された。多くの国民はオールド・メディアの偏向を知っている。ナベツネも反自民党系のメディア、とりわけテレビの偏向を問題視してきた一人である。

例えば、自民党が結党以来、初めて野党に転落し細川護煕内閣が発足した際に実際に存在した「椿発言」事件に対して、ナベツネは怒りの声を上げている。当時、テレビ朝日では平日の夜に久米宏がキャスターを務める「ニュースステーション」が放映され、日曜午前にはジャーナリストの田原総一朗が司会を務める「サンデープロジェクト」が放映されていた。ここでの放送は反自民路線が明確だったのだが、これが偶然ではなく意図的なものであるかの確信は得られなかった。ところが、テレビ朝日の椿貞良報道局長が、1993年9月21日に開かれた日本民間放送連盟の会合で、自身が意図的に自民党を敗北させるためにテレビ報道を利用していたことを得意げに語ったのだ。

テレビの偏向を認識する際に重要な発言なので、少し長めに引用しておこう。

「はっきり言いまして『今度の選挙は、やっぱし梶山幹事長が率いる自民党を敗北させないとこれはいけませんな』ということを、本当に冗談なしで局内で話し合ったというのがあるんです。……（略）……これは放送の公正さを極めて逸脱する行為でございまして（笑）」

「（梶山幹事長、佐藤総務会長が話している場面をテレビで報道すると）あの時代劇の悪徳代官と、それを操っている腹黒い商人そのままなんですね。そういうものをやはりわれわれは家庭に送り出すことが出来たし、茶の間一般の受け取る視聴者はそれをはっきりと見てきたわけなんです」

「『テレビのワンシーンは新聞の一万語に匹敵する』というのも私の信念です。そういう立場でこれからの政治報道をやっていきたいとおもいます」

実際にテレビを制作している人間が、国民を意図的に反自民に誘うために、時代劇さながらの場面をテレビで報道し、反自民党意識を醸成してきたと赤裸々に語っているのだから、驚愕するしかない。こうした偏向報道に対してナベツネは怒りの声を上げている。これは一つの見識と言ってよいだろう。

だが、彼もまた、読売新聞1000万部の力を利用して、世論を誘導しようと試みてきたのであるから、彼我の径庭《けいてい》は限りなく近いといえなくもない。テレビ朝日が反自民党的であったことに対し、読売新聞、就中《なかんずく》、ナベツネは靖国神社に参拝しない限り、親自民党的であった。だが、靖国神社の問題になるとナベツネの態度は急変し、椿報道局長の自民党政権打倒を目的とする報道との違いが分からなくなる。

もう一度、『北京週報』の記事を読み返してみよう。

「（いかなる首相であれ、靖国神社に参拝する首相は認められない）さもなければ、私は発行部数1000万部の『読売新聞』の力でそれを倒す」

テレビの報道番組を使って世論を誘導し、自民党政権を打倒することと新聞の社説を利用して自らの意に逆らう総理を「倒す」ことの差異は殆ど見られない。ナベツネは新聞の社説は丁寧だが、テレビは時間的制約から新聞のように丁寧かつ論理的でないと反論しているが、これは殆ど反論になっていない。何故なら、両者に共通する精神構造が明らかだからである。愚かな民を善導することこそがマスメディアの責務なのであるという歪んだエリート意識であり、レーニン流の「前衛」思想に他ならないのだ。

こうした「前衛思想」、「前衛意識」を払拭できないナベツネは新たに勃興しつつあるネット言論を激しく批判した一人でもあった。ナベツネは「読売新聞」に掲載された評論家、山崎正和の次の言葉に共鳴している。

「ブログやツイッターの普及により、知的訓練を受けていない人が発信する楽しみを覚えた。これが新聞や本の軽視につながり、『責任を持って情報を選択する編集』が弱くなれば、国民の知的低下を招き、関心の範囲を狭くしてしまう。ネット時代にあっても、責任あるマスコミが権威を持つ社会にしていく必要がある」

典型的なネット軽視論といってよいだろう。「責任あるマスコミ」が「権威」を持つ社会こそが素晴らしいとの表現が、よほど気に入ったのだろうか。だが、果たして本当にマスコミに「責任」はあったのだろうか。勿論、全く責任感がなかったなどというつもりは毛頭ない。しかしながら、椿発言しかり、1000万部で首相打倒発言しかり、自らの意に沿わぬ言説を排除し続けてきたのがマスコミの一面の真実であったのではなかっただろうか。

例えば、テレビ朝日にせよ、読売新聞にせよ、靖国神社に参拝する政治家に対して極めて攻撃的だった点では共通している。しかし、祖国のために生命を擲った人々の御霊に対して哀悼の念を捧げることは、全く無責任な行為と言えるのだろうか。大東亜戦争を「侵略戦争」として捉える点でも両マスコミは共通している。しかし、大東亜戦争を「侵略戦争」と把握しない政治家や知識人は無責任な存在として扱われ、一切の発言の場を奪われるべきなのであろうか。

確かに、私自身が眺めていても、余りにも極端な言説がネット上で散見され、それを盲信する人々が存在するのも事実である。しかし、存在もしなかった従軍慰安婦の日本軍による強制連行の虚言を垂れ流し、多くの国民、そして世界の人々を惑わしてきたのはオールド・メディアに他ならない。

必要なのはテレビなのか、新聞なのか、SNSなのかではないだろう。媒体そのものは時代によって変遷する。この流れを否定することは出来ない。最も重要なのは国民一人一人が何が真実なのかを見極める力を有することだ。

「マスコミ」には「権威」があるなどと国民を愚弄するメディアは、やがて国民に見放される。仮に自民党がいつまでも読売新聞と共に歩もうとするならば、それは自らの消滅の道を歩み続けることを意味している。

真摯に国民の声に耳を傾けることが政治の基本である。マスメディアの長老の意見に怯えながら動く政治家など、もはや望まれていないことを自覚すべきであろう。

２０２４年７月号　雑誌「ＷｉＬＬ」

東京裁判史観と北岡伸一・東大名誉教授

やはり批判しなければならない。ホテルで読んだ読売新聞の一面記事に次の主張が展開されていた。

「立憲民主党の野田代表が旧民主党政権の２０１１年に首相を務めた際の政策は、さほどおかしくなかった。立憲民主党は、15年の平和安全保障法制や22年の安全保障関連3文書を認めていないが、強硬に反対しているわけではない。自民党右派の高市早苗氏がリーダーになったら、中国との関係が心配だが、それ以外の自民党の有力議員も野田氏も、国民民主党の玉木代表も、外交・安保政策では、石破首相と大きな違いはない。先進7か国（G7）で最も安定しているのは日本なのだ」

執筆したのは北岡伸一東京大学名誉教授である。彼は日本を代表する政治学者の一人と言ってよい。高市早苗以外なら誰が総理大臣になっても構わないと主張している。北岡が高市早苗を批判する根拠は何なのか。ここが重要であろう。それは歴史認識の問題に他ならない。要するに、大東亜戦争を如何に捉えるのか。靖国神社への参拝をどのように捉えるのか。ここに尽きている。

高市は総裁選を総括して次のように語った。

「最近、よく怒られるのは『総理になっても靖国に行くと言ったことが一番大きな敗因。それは中国が嫌うこと』」

日本の総理が靖国神社に参拝することが問題視されている。祖国のために生命を擲った人々を総理大臣が参拝すべきではないとの主張が当然視されている。異様な光景と言うしかない。祖国を貶《おとし》め、中傷する政治家がいたのならば、糾弾の対象となるのは当然だろう。だが、日本では祖国のために戦った人々に感謝することが批判の対象となっている。不気味で異様な光景ではないだろうか。少なくとも諸外国では、このような事例は寡聞にして聞かない。

「御用学者」と「無用学者」

北岡は数々の政権の中で有識者として活躍してきた知識人である。彼は無能でもなければ左翼でもない。学生時代に左翼教授たちの論理に反発し、社会党の非現実的な政策にも違和感を覚えていたと彼は語っている。恐らく嘘ではない。

日本では学者が政治家と関係を持つと「御用学者」と揶揄《やゆ》される。東京大学時代に北岡を指導した佐藤誠三郎も「御用学者」と非難された一人である。その際、佐藤は反論した。

「仮に私が御用学者だとするならば、諸君は無用学者である」

名言と言っていいだろう。国費を投じられた知識人が国家について建設的な提案をする。これを否定していたら政治は成立しない。私は「御用学者」と揶揄される佐藤や北岡の姿勢を高く評価したい。自らの知性を現実政治に活用させたいとの願いは、権力欲に由来するものではなく真剣な愛国の情念であると信じる。北岡は東京大学で教鞭をとった政治学者だが、特命全権大使として日本外交の現場で闘った人物でもある。政治の現実を見つめながら理論的であり続けた知識人なのだ。

日本政治の低迷の一つの原因は政治家と学者がお互いを侮辱し合っている点にあると考えている。政治家から見れば、学者は現実を知らず空理空論におぼれる口舌の徒ということになるだろう。たしかに現実を全くふまえることのできない政治学者がマスコミに跋扈《ばっこ》している。それは、さながら道化師だが、山口二郎や白井聡が重用されているのは、喜劇であるというよりも悲劇であるというべきだろう。道化師は他者を笑わせていればよい。端的に言えば、現実を全く見つめることができない人々なのだ。

一方、学者は政治家を理念や哲学の欠如した知性なき野蛮人と見做している。選挙に勝つためであるならば、理念や理想などかなぐり捨てる。節操のなさこそが政治家の本質だと見下しているのだ。

どちらの立場もそれなりの理屈が成り立つだろう。政治とは「今、ここ」で決断をしなければならない領域である。政治理論は後からの批判を可能とする。政治家が政治学者を見下すのは完全なる誤りとは言えない。「今、ここ」における決断を強いられる政治家の宿命に対して、政治学者の批判は抑制的なものであるべきだろう。何故ならば、決断するのは政治学者ではなく政治家だからだ。

ヘーゲルは「ミネルヴァの梟は黄昏に飛び立つ」と指摘した。事が終わったのちに真実が明かされていくという意味だ。政治学者は黄昏に思索し政治家を批判する。だが、政治家は黄昏が訪れる前に決断しなければならない。当然、過ちもある。その意味において政治学者は優位な立場に立てる。

しかし、実際に「今、ここ」で決断することができなければ、政治家は務まらない。政治家と学者、根本的な相違のある両者が手を組んだ国家が強国となる。例えばアメリカ大統領の外交ブレーンだったキッシンジャーは国際政治に果たした役割は有意義だったのか否かについて議論は分かれるだろうが、政治学者でありながら、政治家としても活躍した点は忘れるべきではない。

「今、ここ」で決断することに終始し理念を忘れた政治家は、政治のために食べる政治屋に過ぎなくなっていくのも現実である。空理空論に走る政治学者が愚かであるならば、当選するために理念を忘れる政治家も愚かである。現実と理念。相矛盾する二つが心の中に共存してこそ政治家は政治家であり得るのである。政治学者も同じである。

北岡が現実政治に関与しながら自らの理念を追求している点は高く評価すべきだろう。彼を重用してきた歴代の自民党政権も誤ってはいない。

だが、彼と自民党そして読売新聞には共通する誤りがある。それは大東亜戦争を「侵略戦争」と捉えている点である。言うなれば、東京裁判史観に囚われているのだ。

問われるべきは「侵略戦争とは何か」

彼らは極端な左翼ではない。安全保障政策を語らせれば実に真っ当な主張を展開する。

北岡の『外交的思考』（千倉書房）の中に憲法9条と集団的自衛権、集団安全保障に関する文章が収録されている。彼は集団的自衛権を認め、集団安全保障に日本も参加すべきであると説いている。

「憲法九条から、集団的自衛権の行使は可能だという解釈を導きだすことは十分可能であり、集団安全保障についても同様である」（前掲書）

集団的自衛権、集団安全保障。こうした問題に関して北岡の発言は現実主義に基づいている。憲法9条があれば日本は平和であると唱える愚かな政治学者とは明確に一線を画している。驚く人も多いかもしれないが、アカデミズムの中で言えば、北岡は右派の人間と見做される。北岡は日経新聞で『私の履歴書』を書いた。なかなか面白い連載だった。その中で彼は、自分は「体制側」にあると述べている。

では、「体制」とは一体何だろうか。ここが肝要である。

安倍晋三は「戦後レジームからの脱却」を訴えた。この言葉の定義は曖昧だが、戦後、侵略国家というレッテルを貼られた日本が、その思考から脱却し、名誉と自信を取り戻すというニュアンスだと理解すれば、高市早苗が「総理大臣になっても靖国神社に参拝し続ける」と明言したのは、その延長線上にあると言える。これに対し、北岡が言う「体制」とは戦後のレジームそのものを擁護することであり、日本が侵略国家であったと是認することを意味している。

北岡が高市以外なら誰が総理になっても構わないと主張するのは、「戦後レジームの中で生き続けろ」、「日本は侵略国家であったことを認めろ」と説いていることに他ならない。

北岡は「歴史の検証と個人の責任」(『普通の国へ』中央公論新社所収)との論考を発表したことがある。その中に次のような文章が綴《つづ》られている。

「ある国がA国の脅威から自らを守るためにB国に攻め込んだら、B国に対しては侵略以外の何物でもない」

さらに、次のようにも述べている。

「日本が侵略戦争をしたことや、植民地支配をしたことを否定する議論が登場し、それを否定しなければならないのは、残念なことだ。(中略)日本の侵略が、一貫した意図やプログラムに基づくものだったという見方に対する批判なら、伊藤隆教授を始めとする多くの研究者による立派な研究が多数ある。これを東京裁判史観批判ということもある。しかしそれは、最近の一部の知識人が、東京裁判史観批判という言い方で、日本の侵略それ自体を否定しているのとは、まったく別のものだということを付け加えておきたい」

ここで北岡が言っているのは、「如何なる理由があるにせよ、日本は侵略戦争を犯した。その罪を認めろ」ということだ。

だが、北岡に問わなければならないのは「侵略戦争とは何か」という点である。

この点について最も明晰な解説を行っているのは北岡が師事し、この論考で言及していた故伊藤隆(東京大学名誉教授)である。伊藤は北岡を名指しした『北岡君の「オウンゴール発言」を叱る』(『歴史通』2015年5月号)との論考で侵略の定義が学問的に極めて曖昧であることを指摘している。

伊藤は次のように主張する。

「侵略の定義というものはない。だから、唯一成り立ちうる定義があるとしたら、『侵略国とは戦争に負けた国である』。それしかない。侵略国イコール敗戦国。また、『侵略』を定義するなら、『侵略とは敗戦国が行った武力行使である』。それ以外に言い様がないというのが、僕の結論です」

真に分かりやすい侵略の定義だ。日本は戦争に敗れた。戦時中、日本が犯した誤りは全て侵略行為だったと非難される。だが、戦勝国であるアメリカの広島・長崎に対する原爆投下、東京大空襲をはじめとする日本各地での無辜の民への殺戮《さつりく》行為、これらは罵倒されることはない。「正義の国アメリカが悪の侵略国家日本を打倒し民主主義国家を樹立した」。そうした単純な嘘、偽りが戦後日本人の思想枠組みを規定した。この際、最も重要になったのが東京裁判に他ならない。

「勝てば官軍」の東京裁判

保守派の多くは「東京裁判史観」を批判する。だが、「東京裁判史観」とは何なのだろうか。この定義が余りにも曖昧なのだ。私は1946年6月4日にキーナン検察官が東京裁判において述べた冒頭陳述こそが「東京裁判史観」を形成したと考える。

彼は述べた。

「裁判長閣下、是は普通の一般の裁判ではありません。何故ならば我々は現にここで全世界を破滅から救う為に文明の断固たる闘争の一部を開始して居るからであります」（『極東国際軍事裁判速記録　第一巻』（雄松堂書店）引用に際してはカタカナをひらがなに旧漢字を新漢字に改めた）

馬鹿も休み休み言えとは、このような発言を耳にした際に用いる言葉だろう。たしかにこの東京裁判は一般の裁判とは異なる。しかし、それはアメリカなどの勝者が日本という敗者を一方的に糾弾するための茶番劇であるからだ。犯罪者が裁かれたのではない。敗者が裁かれたのだ。「勝てば官軍」との言葉があるが、この言葉を再現したのが東京裁判に他ならない。

そもそも考えてみてほしい。日本が文明を破滅させようとしたことなどあったのだろうか。戦争において非人道的なことが行われたのは残念ながら事実だが、それは日本もアメリカも同様である。非人道的なことは平時においても起きる。殺人事件など、どのように考えてみても意味不明な残虐な事件が勃発する。平時ですら異常な事件は起こり得るのだ。戦争という非日常に置かれた個人が罪を犯すことなどないと断言することはできない。日本であれアメリカであれ、戦時中には違法で不道徳な行為がなされた。だが、だからといって我が国日本は文明を破壊しようとした野蛮な国家だったということはできないのである。

確かに我々も過ちを犯した。それはナチス・ドイツと手を組んだことである。ユダヤ民族を地上から抹殺しようとする野蛮なナチス・ドイツと同盟関係にあったことは反省すべき事柄であろう。だが、我が大日本帝国は根本的にナチス・ドイツと違った。一民族を地上から抹殺しようなどと計画したことはない。のみならず、人種平等の理念を掲げて欧米列強の植民地支配を打倒しようと考えていたのだ。欧米列強と日本、どちらが文明的だったのだろうか。白色人種が、あるいはアメリカがなすことが文明だと定義するなら、大東亜戦争は文明に対する野蛮国の挑戦となるだろうが、そうした文明理解は余りにも浅薄である。日本は断固として植民地支配に終止符を打とうとしていた。

「それは単なる大義名分だ」、「極端に美化された修辞に過ぎない」。そういった批判もあるだろう。確かに日本の戦争目的は当初は自存自衛であった。日本を守りたいという意志のもと遂行された戦争であったというのは事実だ。開戦の詔勅を読めばそれは明らかだろう。開戦の詔勅には次のように記されている。

「東亜安定に関する帝国積年の努力は、悉く水泡に帰し、帝国の存立、亦正に危殆に瀕せり。事既に此に至る。帝国は、今や自存自衛の為、蹶然起って、一切の障礙を破砕するの外なきなり」

だが、大東亜戦争の目的は我が国の自存自衛だけではなかった。大東亜会議を開催した際に人種平等の理念が強調された。これは紛うことなき事実である。

日本とナチス・ドイツを同一視する愚

真剣に考えてみるべきは、地上からユダヤ人を抹殺しようとしたナチス・ドイツ、人種平等を唱えて戦った日本、この両国が「侵略国家」として同一視されるのは余りに粗雑な思考ではないだろうか、ということだ。

キーナンは日本について次のようにも述べている。

「彼等は人民に依る人民の為の人民の政治は根絶さるべきで彼等の所謂『新秩序』が確立さるべきだと決意しました」(前掲書)

リンカーンの言葉を引用するのは結構なことだが、彼らが糾弾する「新秩序」というのは何だったのだろうか。ユダヤ人の絶滅を図ったナチス・ドイツの新秩序。不当な植民地支配を打倒しようとした日本の新秩序。これらを混同しようとするのは全く論理的に成立し得ない。むしろ、詐欺師の論理だろう。水とお茶は同じ飲み物であるという点では同じだが、まったく違うものだ。ナチス・ドイツと日本もアメリカに敗北を喫したのは同じだが、水とお茶どころか、泥水と抹茶ほどに異なる。

「かつての大日本帝国は民主主義国家ではなく、アメリカの占領政策によって民主主義化された」。そう信じたいのがアメリカ人の心情だろう。だが、事実は全く異なる。アメリカにおいて、キング牧師が黒人への差別を廃止せよと訴えたのは１９６０年代の話である。大日本帝国が非民主的な国家だと言うならば、アメリカもまた非民主主義的な国家であった。黒人が黒人であるという理由だけで公民権を与えられない国家は、民主主義国家とは呼べないからだ。

ましてや、アメリカとともに戦勝国として裁く側に立ったソ連はどうなのか。ソ連を民主主義国家と呼ぶことなど狂人以外にはできない。大日本帝国が全体主義国家であったというのなら、スターリン率いるソ連は超全体主義国家に他ならなかった。両国を比較して日本がソ連よりも全体主義的であったと説くのは無理なことなのだ。

ソ連は強制収容所（グラーグ）で国民を虐殺し思想洗脳を図った。スターリンに逆らうこと自体が犯罪となった。支配下にあったウクライナでは人工的に飢餓が創り出され、数百万人が命を落とした。体制を批判する人間は精神に異常をきたしているとみなされ精神病棟に送られた。ソ連ほど麗しい体制を非難する人間は狂気に陥っているとの前提から、体制批判が狂気の産物とみなされたのだ。ソ連が民主主義だった時代などない。ソ連が民主主義国家だとみなされている点で東京裁判は誤りだ。北海道を侵略しようとしたスターリンが平和を愛する善人だったと考えるのは無知蒙昧《もうまい》も甚だしい。

しかし、キーナンは日本をこう非難した。

「偉大なる民主主義諸国に対し侵略的戦争を計画し準備し且つ開始したのでした」

キーナンの論理に従えば、ソ連も偉大なる民主主義国家の一つだったことになる。あり得ない話だ。日本がナチス・ドイツと手を組んだのは愚かな選択だと言って良い。しかし、日本とナチス・ドイツを同一視して裁くのは誤っている。すなわち東京裁判史観とは、事実誤認、誤謬《ごびゅう》に満ちた歴史観そのものなのだ。

キーナンは次のようにも語っている。

「此の事が老幼の世界の至る所に於ける殺戮を目的とする計画或いは企図を含んで居た事及びあらゆる社会の完全な抹殺に直面するであろう事は彼等に取り全くの無関心事でありました」

幾度も繰り返すが、広島・長崎における原爆投下、東京大空襲、こうした残虐行為に手を染めたのは、日本ではなくアメリカである。検察官と称するならば、もう少し論理的であるべきではないか。

トランプ一押し政治家の慧眼

問題は、こうした東京裁判史観を「体制側」に立つ北岡伸一、そして自民党が受け入れてきたことである。いや、受け入れるばかりではなく、積極的にその立場に立ちながら日米関係を良好なものにしようとした。それを現実主義だと考えているのだろう。

しかしながら、真剣に考えてみてほしい。

・事実よりも虚偽に重きをおき、祖国を不当に罵倒する歴史観を受け入れることは売国の所業であっても、現実主義ではないはずだ。少なくとも、現実主義とは政治において現実を見つめ改良を目指すことであり、大東亜戦争は日本の侵略だったというアメリカ側の見方に阿《おもね》ることと同じではない。

少なくとも、高市早苗が「総理になっても靖国神社に行く」といったことを、日米関係の悪化を理由に批判するのは根本的に間違っている。アメリカの次期大統領トランプがマルコ・ルビオを国務長官に据えようとしているが、彼は東京裁判の過ちに気付いている数少ない米国の政治家で、日本の靖国神社参拝について問われた際、次のように返答している。

「アメリカ政府がこの種の問題に関与し、日本側にどうすべきかを告げることは生産的ではない」

この指摘は正しい。

まして日本人ならば、靖国神社参拝が日本人にとってどれだけ大切なものか訴えるべきなのだ。

ヒトラーの墓に参じるのとは全く違うことを説明するのは当然である。一神教のアメリカ人が靖国神社を理解できないなら、説明すればいい。日本人が持つ神概念はキリスト教やイスラム教の神概念と異なる。これは西欧人にも理解できることだ。ヴォルテールが面白い指摘をしている。「日本ほど寛容な国はない。だからこそ、他の宗教を否定するキリスト教は日本では受け入れられないのだ」。ヴォルテールは左派ではあるが、彼の『寛容論』は一読に値する。

日米同盟分断狙う中国の思うつぼ

「日本は侵略国家だ」という東京裁判史観を日本の「体制」が持ち続けることで一番喜ぶのは、中国である。米中は軍国主義国家を打倒した同盟国であったと主張できるからだ。実際、中国は政治家の靖国神社参拝などに絡め、歴史問題で日本を揺さぶってきた。ルビオは、中国の歴史を利用した外交戦略へ警鐘を鳴らしている。

「中国がアジアにおけるアメリカの同盟諸国間の歴史問題などでの見解の相違を拡大させ、悪用することを黙認すべきではない」

このルビオの発言は全く正しい。中国にとって歴史は政治の道具である。易姓革命が繰り返されてきた中国では、皇帝が変わるたびに歴史が書き換えられてきた。先の王朝がどれほど腐敗していたのかを証明し、ときの皇帝の正統性をはかる。これが中国における歴史学者の任務に他ならなかった。政治に要請された歴史、それが中国の歴史学なのである。

「日本は侵略国家であった」。このような主張も中国共産党の正統性を担保するための言葉に他ならない。中国共産党が支配する全体主義国家を正統化するため彼らが持ち出す「歴史」なのだ。「侵略」された中国から日本を叩き出したのが中国共産党だという論理になるからだ。彼らにとって歴史とは過去の事実の叙述ではなく、現在の政治体制の拠り所に他ならない。だからこそ彼らは日本の知識人、政治家が「中国を侵略した」という言葉を用いるように立ち回る。

伊藤隆は先程の『北岡君の「オウンゴール発言」を叱る』との論考で次のようにも説いている。

「二つの国の歴史が交わることはあり得ない。日本には日本の歴史の見方があり、中国には中国の歴史の見方がある。相手の言っていることをきき、自分たちの主張を相手に話して終わるのがいちばんだ（中略）きみたちは学者だ。しかし、向こうは学者の顔をした政治家だ。彼らには、これだけは日本の学者に絶対に言わせようという狙いがある。それが『侵略』という言葉だ。これだけは絶対に言ってはいけない」

伊藤の発言は鋭い。しかし、高市早苗の「総理になっても靖国参拝する」という発言を批判する「体制側」の人々にはこれが理解できない。話を戻せば、それが北岡伸一、読売新聞、自民党の限界ともいえる。

いま保守といわれる多くの国民が自民党を見放しつつある。それはなぜなのか。そこに気づかなければ、自民党が消滅する日も近い。

かつて清水幾太郎は「日本よ国家たれ」と説いた。「自民党よ保守政党たれ」。

2025年2月号　雑誌「正論」

II 「左翼ごっこ」の黄昏

第4章　いまだ革命ならず

武力革命を目指していた日本共産党の黒い闇

底抜けに不勉強な人物なのか、限りなく不誠実な人物なのか、どちらか見分けがつかなかった。先日、野党の某国会議員のツイートを見て驚愕した。日本共産党が暴力革命を目指していた事実があるのか否かを問うていたのである。

これは「神社では神様を祀っているって本当ですか？」「クリスマスってキリストの誕生日って本

当ですか?」といった類の、基本的な常識を尋ねているようなものだ。

日本共産党の歴史について振り返れば、戦前に暴力革命路線を取っていたことが有名だが、戦後においても1950年代に過激な武装闘争路線を取っていたことでも知られる。

朝鮮戦争の勃発(1950年)に際し、ソ連のスターリンが後方攪乱《かくらん》のために日本共産党に武装闘争路線を命じたのだ。この指令に従って、新たに発表されたのが「1951年テーゼ(51年綱領)」である。この中で、日本共産党は「日本の解放と民主的変革を、平和の手段によって達成しうると考えるのはまちがいである」と明言し、武力革命の必要性を説いた。

現在、この50年代の武装闘争路線の歴史は日本共産党にとって漆黒の闇のような歴史となっており、あくまで一部の分派が行った過ちだったとしている。しかしながら、日本共産党の名の下で出されたテーゼであることは否定のできない事実である。

現在、「議会で多数を得ての平和的変革こそ日本共産党の一貫した立場」(2月14日、『しんぶん赤旗』電子版)などと主張し、「日本共産党は、『暴力主義的破壊活動』の方針なるものを、党の正規の方針として持ったり、実行したりしたことは、ただの一度もありません」と説明している。

しかし、この50年代の黒い闇の歴史を分派の責任に負わせ、自分たちは無責任だとするのは無理があるだろう。

ドイツのヴァイツゼッカー大統領の「過去に目を閉ざす者は、現在にも盲目になる」との言葉を引用しながら、過去の日本軍の残虐行為を反省せよと唱える「リベラル」が多い。だが、彼らは日本共産党の過去には目を閉ざし、盲目的に野党共闘を目指そうとする。

冒頭、某国会議員が不勉強なのか、不誠実なのか分からないと書いたのは、少しでも歴史を調べてみれば、日本共産党が隠蔽しようとしている闇の歴史が見えてくるはずだからである。仮に、知らないのであれば、あまりにも不勉強であり国会議員の資格なしと断ずるべきだ。

もしも、日本共産党の闇の歴史と、その体質を知りながら無知を演じていたとするならば、限りなく不誠実な人物であり、国会議員の資格はもとより、社会人としての資格も疑われる。いずれにしても、この人物は国政に参画する器ではないことは明白だ。

なお、私が某議員としか書かないのは武士の情けからではない。実名で批判され、目立ったことを喜ぶような倒錯した精神を持つ野党議員が少なくないからである。

２０２０年2月22日　夕刊フジ

自衛隊を「手段」呼ばわり　志位発言の傲慢

日本共産党の志位和夫委員長が2022年4月7日、党本部での会合で、次のような発言をしたという報道があった。

「万が一、急迫不正の主権侵害が起きた場合には、自衛隊を含むあらゆる手段を行使して、国民の命と日本の主権を守り抜くのが党の立場だ」

自衛隊に対して、あまりにも「無礼な発言」だといってよい。自衛隊は国民を守る「手段」だという表現から、自衛隊への敬意を微塵も感じることはできない。日夜国防のために汗を流している方々を、「手段」呼ばわりするとは傲慢の極みだろう。

また、共産党は自衛隊を違憲の存在と位置付けている。違憲の存在は許してはならないと考えるのが立憲主義の基本である。仮に、自衛隊が違憲の存在であるならば、自衛隊の存在を否定しなければ立憲主義は守れない。違憲の存在であっても党の解釈次第で存在が許されるというのであれば、立憲主義は成り立たない。

立憲主義を掲げる立憲民主党が、こうした立憲主義を軽視する共産党と手を携えていこうというならば、それは悪い冗談でしかないだろう。

また、志位は憲法9条に関して、次のようにも述べたという。

「無抵抗主義ではなく、個別的自衛権は存在している」

無抵抗主義を否定し、「個別的自衛権は存在している」というが、自衛隊違憲論に立つならば、一体誰がわが国を守るというのだろうか。わが国に個別的自衛権が存在するのは自明のことだが、祖国を守るために闘う人々がいなければ、国防は成り立たない。祖国を守る自衛隊を違憲の存在と痛罵し、「段階的解消」を唱えている共産党が「個別的自衛権は存在している」などと唱えても、空念仏のようにしか聞こえない。

立憲民主党の泉健太代表は8日、志位の発言を受けて、次のように語った。

「国防において自衛隊や日米安保は国民共通の前提だという認識を多くの人が持っていることを、共産党も踏まえつつあるのではないかと感じる」

「(共産党も)明確に、自衛隊は合憲だという理解をしてもよいのではないか」

あまりにも楽観的な解釈だ。共産党は党の綱領で明確に自衛隊を違憲の存在と位置付け、「自衛隊解消」と「日米安保条約の廃棄」を掲げている。そう簡単に見解を修正できるものではない。

ロシアのウクライナ侵攻を受け、「平和憲法」という幻想が崩壊しつつある現在、必要なのは確かな安全保障政策だ。わが国の平和を現実的に維持していくためになすべきことは何かを真剣に模索すべきときに、共産党の主張する「自衛隊違憲論」「日米安保廃棄論」では話にならない。

立憲主義を守り抜くためにも自衛隊を堂々と憲法に明記すべきときだ。憲法改正こそが必要だ。

2022年4月9日　夕刊フジ

独裁支える「民主集中制」の特異性

日本共産党は極めて特異な政治システムを採用している。その名を「民主集中制」という。全国から選出された代議員が中央委員会を選出し、その中央委員会によって幹部会委員長（党首）を選挙で選出する。党員による直接選挙では、党の代表を選出できない仕組みとなっている。

これに異を唱え、「日本共産党が党首公選を実施すれば日本の政治がマシになる」と主張した1冊の本が共産党員（当時）から出版された。

1974年に共産党に入党したジャーナリスト、松竹伸幸の『シン・日本共産党宣言』（文春新書）である。だが、その主張は全面的に党によって否定されて、松竹は日本共産党を除名処分された。

「党首公選を望む」と本で主張したことが、党規約の「党内に派閥・分派はつくらない」などの規定に反したという。日本共産党の強硬な姿勢に、多くの日本国民は驚きあきれた。

あの朝日新聞でさえ、社説「共産党員の除名　国民遠ざける異論封じ」（2023年2月8日）の中で次のように批判的に論じている。

「共産党は、党首選は『党内に派閥・分派はつくらない』という民主集中制の組織原則と相いれないという立場だ。激しい路線論争が繰り広げられていた時代ならともかく、現時点において、他の公党が普通に行っている党首選を行うと、組織の一体性が損なわれるというのなら、かえって党の特異性を示すことにならないか」

朝日新聞にしては珍しく正論である。だが、日本共産党は全く意に介さなかった。

この独自な民主集中制を理解するためには、共産党の派閥に対するむき出しの敵意を理解しなければならない。

党規約第三条の四には「党内に派閥・分派はつくらない」と明記されている。この理由について、「しんぶん赤旗」（同年2月11日）で、山下芳生副委員長が次のように語っている。

「党のなかに、さまざまな派閥やグループがつくられ、派閥やグループごとに、主張や行動がバラバラでは、国民に対して公党としての責任をはたせません。主張や行動の統一は、どの党であれ、公党としてのあるべき姿だと、私たちは考えています」

要するに、党首公選を実施すれば、次の指導者を目指す者を中心に必然的に派閥が誕生することになる。この派閥によって党の統一性が失われてはならないとの主張だ。だから、派閥、分派をつくる党首公選は行わないとの理屈である。

だが、それは逆に言えば、党内における自由闊達《かったつ》な議論が封じ込められることにもなる。

現在、自民党の派閥の存在が問題視されている。心ある自民党議員、有権者は派閥なき政党への道とは、自由な議論、闘争なき「民主集中制」への道であることを自覚すべきであろう。

2024年2月26日　夕刊フジ

「日米安保破棄」掲げる野党連合構想の蒙昧

共産党の志位和夫委員長が2021年5月15日、都内で次のように講演したという。

「安保法制廃止・立憲主義回復という大義を土台にして、日本共産党を含めた政権協力の合意がつくられるならば、市民と野党の共闘の画期的な新局面が開かれるということであります」

さらに、政権交代の暁には、「閣内協力」「閣外協力」もあり得るとも語ったという。

一体、どこで講演したのか調べてみると、志位氏は全国革新懇の「40年記念の夕べ」で講演していた。「全国革新懇」なる組織について調べると、ホームページで「3つの共同目標」が掲げられていた。

そのうち、2つは「日本の経済を国民本位に転換し、暮らしが豊かになる日本をめざします」と、「日本国憲法を生かし、自由と人権、民主主義が発展する日本をめざします」とあった。私には、いささか具体性に欠けると感じた。

ただ、3つ目の共同目標は非常に具体的なものだ。いわく、「日米安保条約をなくし、非核・非同盟・中立の平和な日本をめざします」。

志位が野党共闘について語ったのは、日米安保条約をなくすことを堂々と掲げている団体での講演だったのだ。

志位自身も、日米安保条約について否定的な見解を表明していることで知られる。例えば、2015年6月23日の日本外国特派員協会で、次のように語っている。

「安全保障の問題ですが、私たちは日米安保条約を廃棄するという展望を持っております」

日本共産党、そして日本共産党と友好的な関係にある団体が、日米同盟を廃棄しようとの願望を抱いていることは明白だ。問題となってくるのは、この日本共産党と選挙協力を目指し、場合によっては「閣外協力」「閣内協力」を求める可能性が否定できない立憲民主党の安保政策だ。共産党の唱える「野党連合政権」が樹立した際、日米同盟はどうなってしまうのか。

立憲民主党は、安倍晋三政権で成立した平和安全法制に対して極めて否定的で、集団的自衛権の限定的な行使容認は「違憲」との立場に立つ。しかし、日米安保条約の解消や日米同盟の否定までは主張していない。その意味で、日本共産党とは一線を画している。

しかし、不穏な動きがあるのも事実だ。

4月に行われた参院長野選挙区補欠選挙の際、立憲民主党の羽田次郎が結んだ「政策協定」には、次の文言があった。

「韓国や北朝鮮との不正常な関係を解消するために、日米同盟に頼る外交姿勢を是正」

日米同盟に頼る外交姿勢を是正するとは、共産党の主張に類似していると思わずにはいられない。

「野党共闘」の掛け声の下、一人一人の候補者が共産党の票を目当てに、このような姿勢を示せば、結果として立憲民主党の安保政策は共産党に類似したものにならざるを得ない。

現実的な安保政策を提示できない政党に国政を委ねることは絶対にできない。

２０２１年5月18日　夕刊フジ

「無私の姿勢」とは程遠い野党共闘の偽善

立憲民主党のサイトを開くと、「衆院選２０２１　選挙結果」の文字の下に「変えよう。」との大きな文字が記されている。思わず「結果は変わりませんよ」と呟いてしまった。

２０２１年11月2日の執行役員会において、枝野幸男代表が遅ればせながら辞意を表明し、特別国会後に代表選が行われる見通しだ。「政権選択選挙」と位置づけながら、議席数を減らす結果となったのだから当然の話である。

枝野のあいさつを読むと肝心なことが一切語られていない。

「残念な結果」、「ひとえに私の力不足」、「大変申し訳なく思っている」との常套句《じょうとう》が繰り返されるが、なぜ、国民の支持を得られなかったのかについての分析や反省が一切見られなかった。

投開票日（10月31日）の記者会見の際には、野党共闘に関して、「一定の成果はあった」と述べた。だが、実際に敗北を喫している以上、全く説得力はない。

最大の支持組織である連合の芳野友子会長が1日の記者会見で、「連合の組合員の票が行き場を失った。受け入れられない」と批判したが、正鵠を射ている。元来、共産主義とは明確な一線を画してきた労働組合の会員にとって、自らが支持する政党が共産党と連携するなど、驚天動地の事態に他ならない。

立憲民主党の執行部は、目先の票欲しさに共産党と連携する道を模索したが、元来の支持層を失う結果となった。枝野氏は潔く「野党共闘の失敗」を認めるべきであった。

代表選では「野党共闘の是非」が論じられるであろうが、抜本的な見直しが図られるのかは疑わしい。立候補に関して前向きとされる小川淳也元総務政務官は野党共闘派とされる。

彼が世間の耳目を集めたのは、自らの選挙区に日本維新の会が候補者を擁立すると決定した際だ。約束もなしに維新の会の代議士会に押しかけ、野党候補の一本化を懇請したのである。野党共闘に参加していない日本維新の会に野党共闘を呼びかけることもおかしいが、私には「恥も外聞もなく、自らの当選のために動く政治家」という印象が強烈に残った。

小川は、報道ステーションのインタビュー(2日放送)で他の野党について、次のように語っていた。

「自民党政権は長く続き、権力の私物化のような状況が目に余る。しかし、あなたたち野党も本当に私心なく、私利私欲なく国民のために無私の姿勢でやっているのかと。第一に、無私の姿勢……」

「無私の姿勢」とは、ほど遠い政治家に思えるのだが、私の解釈が誤っているのだろうか。立憲民主党は「共産党とは政策が異なる」と強調する。しかし、野党共闘は正しいと主張する。申し訳ないが、国家よりも自分の議席を優先しているようにしか思えない。

2021年11月5日　夕刊フジ

立民・安住淳の倒錯したJアラート批判

北朝鮮が２０２３年４月13日朝、弾道ミサイルを発射した。同国メディアは14日、従来の液体燃料式よりも迅速に発射できる、固体燃料型の新型大陸間弾道ミサイル（ＩＣＢＭ）「火星18」の発射実験を行ったと報じた。

吉田圭秀統合幕僚長は13日の記者会見で、日本の領域内への弾道ミサイル落下が予測された戦後初の事例だったと述べた。明らかに北朝鮮のミサイル技術は進歩し、わが国の平和が危機にひんしている。

政府は国民に危険を通知する全国瞬時警報システム（Ｊアラート）で「直ちに避難を」と呼びかけた。だが、避難しようにもどこに避難すべきかを考える時間はなく、動揺、混乱が広がった。その後、情報は訂正され、危機は去ったことが明らかにされた。

政府の対応に猛然と嚙みついたのが、立憲民主党の安住淳国対委員長だ。13日、党の会合で次のように語ったという。

「確実性や信憑《しんぴょう》性がなくなると、『オオカミ少年』や信頼をなくすのは世の常ではないか。どうも政府が後から言い訳しなくてすむよう、念のため（警報を）打ったということで、国民生活をあまり考えていない」

これは倒錯した非難としか評せない。問題なのはミサイルを発射した北朝鮮なのであって、日本政府の対応ではない。国民の生命を守ることを重視するならば、Ｊアラートで情報を提供することは当然だ。避難先が分からないのは、日頃より危機に際しての訓練が行き届いていないからだ。仮に日本政府に落ち度があるとすれば、事前に避難先を周知徹底しておらず、十分な訓練も実施していなかったことだ。

立憲民主党に問いたい。あなた方は着弾を想定した避難訓練の重要性を指摘していたのだろうか。国会の議事録を確認してみたが、立憲民主党が着弾を想定した避難訓練を積極的に求めていたことを確認できなかった。

また、「オオカミ少年」の比喩も不適切だ。「オオカミ少年」は「狼がやってきた！」と明確なウソをつき、人々の驚く様子を楽しんでいた。要するに悪質な愉快犯といってよい。だが、政府のＪアラートは実際に危機を察知したから発信されたのであり、意図的な虚偽ではない。

北朝鮮のミサイルは実際に発射されており、発射されてもいないミサイルの危機を煽っていたわけではない。

なぜ、安住はここまでＪアラートの発信を批判するのか。自身でその怒りの根拠を語っている。

「個人的なことを言えば、NHKの朝ドラが面白そうなんで楽しみにしていたら、すっかり番組が飛んでしまい、ご丁寧に1時間以上、NHKは（ミサイル関係の報道を）やっていた」

「語るに落ちた」、とはこのことではないか。怒りを通り越して、あきれるほかない。

2023年4月17日　夕刊フジ

「宇宙から国境は見えない」鳩山由紀夫の希薄すぎる国家観

ドイツの哲学者、ニーチェに『この人を見よ』という著作がある。一読してみると、「なぜ私はこんなに賢明なのか」、「なぜ私はこんなに良い本を書くのか」など、自分でここまで書くのかと思われるような目次（章のタイトル）に驚く。ここまでの自画自賛は珍しい。

『この人を見よ』を思い出したのは、民主党政権の初代総理大臣、鳩山由紀夫の異常な発言に驚愕《きょうがく》したからだ。

2024年5月20日、中国の呉江浩駐日大使は、台湾問題をめぐって次のように日本を恫喝《どうかつ》した。

「日本という国が中国分裂を企てる戦車に縛られてしまえば、日本の民衆が火の中に連れ込まれることになる」

日本が台湾独立に加担することへの警告のつもりのようだが、これは警告というより恫喝だ。以前、北朝鮮は他国の都市を「火の海にする」と喧伝していたが、まるで北朝鮮の威嚇を思い起こさせる発言だといってよい。

この発言が飛び出した中国大使館での座談会に出席した鳩山は、驚くべきことに、「日本は台湾が中国の不可分の一部であることを尊重しなければならない」、「基本的に同意する」などと述べたという。

文字通り、わが眼を疑うとはこのことだろう。日本の総理まで務めた人物が、中国大使の日本に対する恫喝に同意しているのだ。あきれるより他ない。

現代日本において『この人を見よ』とのタイトルで鳩山を論ずるとすれば、「なぜ鳩山氏はこんなに愚かなのか」、「なぜ鳩山氏はここまで中国におもねるのか」が中心とならざるを得ないだろう。

われわれ日本国民が反省すべきなのは、このような人物を総理に就任させてしまったことだ。現在でも、元総理として世界中で日本に仇《あだ》なす愚行、奇矯《ききょう》な発言を繰り返している。

以前、国会図書館で鳩山の全ての著作、論考、そして対談まで調査したことがある。その際に見えてきたのは、彼には国家観がまるで希薄であるという事実だ。

宇宙から眺めれば国境は見えないなどと主張しているのだ。これは極めて当然の事実で、国境とは人間の概念に他ならない。概念は物質とは異なって眺めることは不可能だ。そして、彼は見えないのだから存在しないとばかりの論理を展開する。

だが、人間にとって概念は重要だ。

例えば、「夫婦」は概念だ。外から見て、「夫婦」と理解できない。だから、「夫婦」など存在しないという話にはならない。だが、鳩山にはこうした単純な人間の知的営為が理解できない。宇宙人的といえば、確かに宇宙人的人物なのだ。

彼の中では「国境」など存在すべきではないのだろう。だからこそ、中国大使が日本に対して恐るべき暴言を吐いても抗議の声すらあげない。恐るべき「亡国の宰相」が引退したことは歓迎すべきだ。だが、世界中で愚昧な発言を繰り返すのは慎むべきではないか。

2024年5月30日　夕刊フジ

政界キーマン、国民・玉木雄一郎〝変節〟の過去

玉木雄一郎代表の国民民主党は２０２１年11月４日、国会対応に関して方針を転換することを決定した。すなわち、立憲民主党や共産党、社民党と連携してきた「野党国対委員長会談」の枠組みから離脱することを決断した。

「『立民さん、共産さんとは違う』ということで投票していただいた方がたくさんいる。対決色が強いところだけでは、民意に応えることにもならない」と玉木氏は指摘し、立憲民主党についても次のように論じている。「共産党べったりでは、なかなかお付き合いは難しい」

いずれも正論といってよい。

国民民主党は「対決より解決」を掲げ、今回の衆院選では議席数を増加させた。「野党共闘」を掲げながら「共倒」して議席を減らした立憲民主党、共産党とは対照的だった。自らの路線に自信を深めてきたのであろう。森友、加計問題の追及で名を馳せた政治家の多くが落選したのも、今回の衆院選の１つの特徴であった。ようやく現実的な野党が誕生したかとも思えるが、軽々に判断を下すべきではないだろう。何といっても玉木には「変節」と呼ばれても致し方ない過去があるからだ。

例えば、7月15日、連合と結んだ政策協定の中にあった「全体主義を排し」との文言に関して、玉木は「共産主義、共産党のことだ」と述べたことがあった。

これ自体は、実にまっとうな指摘だ。「右の全体主義」がナチズムを意味し、「左の全体主義」が共産主義を意味するのは政治学の基礎といってよい。

政治理論家、ハンナ・アレントは名著『全体主義の起源』の中で、ナチズムと共産主義の共通項として「特異な歴史観」を挙げた。ナチズムでは人種主義、共産主義では弁証法的唯物論が歴史を貫く真理であるとされた。「真理の独占」こそが独裁政治の真骨頂である。党が定めた「真理」に逆らう者は排除される。その意味で、玉木の発言は共産主義の本質を喝破したものだった。

だが、共産党が玉木の発言に抗議するとトーンダウンし、8月には、「(日本共産党を)崩壊したソ連共産党や今の中国共産党のような党と同じとは見ていない」と発言。さらに、「改めたい」と志位和夫委員長に伝え、共産党と「ある程度『戦術的な一体感』をもって臨んでいくことは不可欠だ」とまで述べたと報じられた(朝日新聞、8月18日)。

変節と呼ばれて致し方ない対応だろう。共産主義者とは、共産主義社会の実現を夢見る人で、独自の世界観を有する人々だ。

本当に国民民主党こそが、まっとうな野党であることを示せるか否か。すなわち、付和雷同せずに独自の路線を貫徹することができるのか。今こそ、玉木は正念場を迎えているといっても過言ではない。

2021年11月6日　夕刊フジ

旧社会党ブレーン・向坂逸郎のドン引き「独裁擁護論」

戦後、日本国民の不幸とは何だったのか。

それは真剣で現実主義的な野党の不在である。55年体制下の社会党に代表されるが、彼らは真面目に政権を奪取しようとはしなかった。「非武装中立」などという夢想を語るだけで、実際に政権を担う気概などありはしなかった。戦後初期の片山、芦田両内閣の崩壊から細川護熙連立政権まで一度として議会で多数派となることはなかった。そして、政権を担うこともなかった。

現代の日本政治の不甲斐なさを熟考するために、社会党とは何であったのかを確認しておくことは重要だ。彼らがどれほど愚かしかったのかを再確認しておこう。

社会党が勝利を得たと陶酔したのは、岸信介内閣が退陣した瞬間だった。余りに片務的だった旧来の日米安保条約を改正し、より独立国に相応しい同盟関係を志向したのが岸総理だった。しかし、左翼のプロパガンダは凄まじかった。学生を指嗾《しそう》し、国会議事堂はデモの集団に取り囲まれた。日米安保条約の改正はなったものの、岸内閣は退陣。社会党にとっては、勝利の時だった。だが、非武装中立を是とする愚かな安保政策の主張による成功は彼らの桎梏《しっこく》となった。

そもそも、社会党が非武装中立を主張し始めた根拠は、誠に奇妙で滑稽なものだった。中央執行委員長に就任した鈴木茂三郎が「無刀の日本の姿」と題して朝日新聞（1951年1月23日付）に寄稿した。ここに非武装中立の根拠が述べられている。『三国志』、『私本太平記』等の名著で知られる国民的作家・吉川英治に鈴木は国防について知恵を乞うた。吉川は剣豪宮本武蔵の例を引きながら、「無刀」の重要性を説いた。「無刀」の姿こそ、不窮《ふきゅう》の確立が備わる、と言うのだ。すなわち、非武装こそが最高の国防だと説いた。これに鈴木は感銘を受け、社会党の非武装中立の方針を定める。

冷静に考えてみれば、宮本武蔵は剣豪である。剣豪が「無刀」の境地に到り、凄みをもつのはそれなりに理解できる。だが、日本の国防体制は剣豪の境地に到っていない。武器を持って、侵攻してくる侵略者に対して丸腰でいることは、常識的に考えれば、狂気以外のなにものでもない。宮本武蔵を気取った小学生が武装した暴漢に対し、「お前たちは負けだ。私は最強だ」と叫んでも、何の意味もない。殺されて終わりだ。申し訳ないが傍から眺めていれば余りに滑稽な姿に他ならない。

まことに愚劣な安全保障政策だが、社会党はこの蒙昧な安全保障政策から脱却できなかった。

社会党が現実的政党を目指した〝束の間〟

政権を奪取する気概を欠いた社会党が、唯一、現実的な政党となろうとした瞬間があった。江田三郎が「江田ビジョン」を掲げた時である。江田はイタリアのグラムシ、トリアッチが標榜《ひょうぼう》した「構造改革」路線を歩もうとした。「構造改革」とは小泉内閣が掲げたものとは全く異なる。革命によってではなく、議会における活躍、そして議席の伸長によって社会主義を実現しようとするのが特徴だ。江田の「社会主義の新しいビジョン」(『エコノミスト』1962年10月9日号)は構造改革路線に則って、現実的に議会の内部で政権奪取を目指そうとしたマニフェストである。

江田は、人類の到達した4つの成果として、米国の平均した生活水準の高さ、ソ連の社会保障、英国の議会制民主主義、日本の平和憲法を掲げている。社会主義とは、革命によって突如実現するユートピアではなく、人類が時間をかけて徐々に目指すべき理念であるというのが江田の基本的な考え方である。その中において、人類がすでに実現した理念がこの4点だと言う。米国の平均した生活水準の高さ、英国の議会制民主主義を評価した点は注目に値する。社会主義者でありながら、米英の長所を認めている点は極めて柔軟な態度と言ってよい。

だが、社会党の宿痾《しゅくあ》とも言うべきソ連への礼賛、非武装中立への妄想が江田ビジョンにも記されている点は閑却できない。ソ連における人権弾圧がいかなるものであったのか、その現実を全く見ていない。ソ連には、憲法上、国民の人権が保障されていた。だが、現実には人権など一顧だにされなかった。ソ連の政治体制を批判する人間は精神に異常をきたしていると見做され、精神病棟に送られた。監獄の代わりに精神病棟が利用された。大いなる人権侵害と言ってよいだろう。国民は塗炭の苦しみを舐め、呻吟《しんぎん》した。ソ連の社会保障を礼賛するなど、言語道断と言わざるをえない。さらに重要なのは、江田もまた非武装中立の妄想を信奉している点である。江田は次のように述べている。

「現在、世界に大きくたかまりつつある核実験禁止と全面軍縮の行動は、言葉をかえていえばこの憲法第九条の規定を世界各国の憲法に書きこませる運動にほかならない」

構造改革路線を唱え、社会党の中では現実主義的だと見做された江田三郎も所詮は、「平和憲法」の呪縛に囚われた政治家に過ぎなかった。主要国で憲法9条を採用する国など存在しない。憲法9条は多くの国々にとって憲法に書き込むべき理想でも理念でもなく、妄想にしか過ぎない。

マルクスを凌ぐ「プロレタリアートの独裁」論

江田三郎と対立した社会党の面々は何を考えていたのだろうか。驚くべき資料を紹介したい。田原総一朗が向坂逸郎にインタビューした記事だ。田原の生涯において、評価できる数少ない論考だ。

「朝まで生テレビ」で醜態を曝す愚かな司会者と思われているが、このときのインタビュー記事は秀逸である。タイトルは「マルクスよりもマルクス・向坂逸郎」(『諸君！』１９７７年7月号)。社会党の中で重要な地位を占めていた社会主義協会の親玉である。

田原がソ連批判のソルジェニーツィンについて言及する。彼は『収容所群島』などの秀作でソ連の非人道的な体制を徹底的に弾劾した作家だ。彼について向坂は全面的に否定する。ソルジェニーツィンの思想に賛同する人が増えたとの田原の指摘を一蹴し、「ソルジェニーツィンなんてのは、そうだな。二億人の一人か二人のことですよ」と嘯《うそぶ》く。異常なる例外者だと言いたいのだろう。

驚くべき人権無視の発言だ。だが、これはまだ序の口に過ぎない。少し長くなるが、重要な会話なので、正確に引用しておこう。読んで腰を抜かしてはならない。余りに笑えるから、お茶やコーヒーを飲みながら読むのも避けていただきたい。

田原　向坂さん御自身は、社会主義の社会における言論・表現の自由ということは、どんなふうにお考えですか？

向坂　独裁です。

田原　えッ？

向坂　プロレタリアートの独裁です。

田原　すると、ときの権力、政府の政策に対する批判というか、反対の意思の表現をすると、弾圧される？

向坂　そうです。反対するだけならいいけど、反対を行動にあらわせば、それは弾圧されても仕方がない。

田原　その場合の行動というのは、どのあたりまでを行動というのですか？　たとえば文章に書くことは行動ですか？

向坂　そうです。行動です。それからグループを作ること、これも行動です。

田原　すると、結局は、そういう、政府に反対する言論・表現の自由はない、ということになるのですか？

向坂　それは、絶対にありません。それはまずいですからね。

田原　まずい、といいますと？

向坂　自分たちの社会をね、とにかく二億人もの人間が、その社会がいいと賛成している社会をですね、一人の人間が反対する。その体制に反対するというのは、それは裏切りだな。それに、ソルジェニーツィンやなんかは、社会をね、封建時代に返そうというわけでしょ。あきらかに反革命的ですよ。

田原　反革命的、ですか？

向坂　あのね。意見が違うということと、反革命的である、ということとはまるで違うのです。意見が違うからといって、必ずしも弾圧されるのではない。そうでなくて、ソルジェニーツィンがよくないというのは、反革命的だからなのです。反革命的なものは弾圧されても当然です。

恐るべき革命思想、人権弾圧擁護の理論が述べられている。ここまで独裁を高らかに擁護する思想家も珍しい。「反革命的」と向坂が決定すれば、いかなる人間の思想信条の自由、表現の自由が踏みにじられても、当然だと堂々と説いているのだ。このような常軌を逸した社会主義理論に日本国民が追随しなかったのは極めて健全である。

彼は非武装中立についても述べている。田原はソ連が非武装中立ではないことを指摘し、社会主義国家であっても非武装中立など実現している国などないと説く。だが、向坂は日本はあくまで非武装中立で行くべきだ、と主張する。田原はさらに問う。ソ連や東欧の国々に非武装中立を訴えるべきではないか、と。しかし、向坂はそうしたことは主張しない、と言う。明らかに矛盾している。日本は非武装中立で行くべきなのか、と問われれば非武装中立と答えるが、そこに真摯な誠意は感じない。表面を取り繕っているだけのように見える。なぜなら、社会主義の理念から非武装中立の理念が導き出されるのならば、ソ連や東欧でも非武装中立を実現しなければ理屈に合わない。だが、彼は決してそのようには主張しない。

日本が社会主義体制になったら、どのような国防論を展開するのか、田原は問う。引用してみよう。

田原　日本が、いまの政治体制でなくなる。向坂さんなどが支持される政権になり、日米安保条約も廃棄されたとする。となると、逆に、アメリカに対して重大な警戒をしなければならないことになるわけですが、どうでしょうか？　その場合、日本は、やはり非武装中立ですか？

向坂　ぼくはね、そういうときになったら、ですよ。そのときの世界の情勢と、それから日本の財政と、いろいろ考えて、軍備があった方がいいか、ない方がいいか考えればいいと思います。

田原　そのときになったら、あらためて考える？

向坂　そうです。

田原　すると、必ずしも非武装永世中立ではない？

向坂　そうです。

田原　現在の体制、つまり、社会主義政権でない間は、非武装でいくべきだ、と。

向坂　そうです。

結局のところ、向坂は非武装中立を謳いながらも、非武装中立を信じていない。自分たちが政権を奪取した暁には、非武装中立を放棄する可能性について嬉々として語っている。一言で言えば、真剣でないのである。非武装中立はあくまで国民を欺くスローガンであり、自分たちは全く信じていない。

非武装中立を社会党が全く信じていなかったことが、露呈する。それが村山政権誕生の時である。従来、「自衛隊は違憲である」、「日米安保条約は認めない」と獅子吼していたが、彼らはその言葉を毫《ごう》も信じていなかった。結局のところ、自民党の安全保障政策が最も合理的であり、現実的であると考えていた。だからこそ、彼らは自衛隊を合憲と認め、日米安保条約を是認したのだ。あまりに不真面目で欺瞞に満ちた政党の最後だった。

「絶叫系政治学者」山口二郎の知られざる政治的発言の変遷

そんな社会党の惨めさに、一人の若き「リベラル」系の政治学者は苦言を呈していた。

「憲法第九条に関する争点について、社会党が自民党と激しい対立を演じ、国民の護憲意識を喚起するという方法、これを護憲政治と呼べば、護憲政治は戦後社会党のもっとも輝かしい記憶と重なり合っている。一九五〇年代、社会党左派の指導者が反戦スローガンを叫ぶだけで、社会党は澎《ほう》湃《はい》たる支持を集めることができた」

「九〇年代初頭の『国際貢献』論議が示すように、自衛隊の存在やPKOへの参加に対する国民の認識は大きく変化していた。社会党のお家芸である護憲政治には国民は反応しなくなった。その意味で、政権政党への脱皮のためには憲法九条問題に自ら整理をつけることが社会党に求められていた」

そして、この若き政治学者は「創憲論」を提示した。その内容は「リベラル」に偏っているが、従来の社会党の非武装中立の妄想とは異なっていた。具体的にその内容を見てみよう。

（1）自衛隊を合憲な存在として認めること。その方法については、憲法に自衛のための実力組織を持つことを認める条文を追加する、基本法を制定して憲法を補完するなどの方法がある。

（2）非核三原則、徴兵制の禁止、海外派兵の禁止などを憲法的規範に明記する。

（3）PKOに対する自衛隊および文民組織の参加について制度を整備し、より非攻撃的な方法で国際平和に貢献することを宣言する。

私は賛同できないが、かねてよりの社会党の非武装中立論よりは真っ当である。こうした議論を提示していれば、社会党は凋落《ちょうらく》の一途を辿ることもなかったであろう。あまりに非現実的な虚妄の議論「非武装中立」に国民はついていけなかった。国民の人権を無視し、独裁体制を称賛してみたり、自らが信じてもいない非武装中立を謳い上げたりしてみても、日本国民を欺くことはできなかった。日本国民の常識を馬鹿にしてはならない。彼らは政権奪取に真剣ではなかった。不真面目な野党だった。自民党が支持されたのは自民党の理念が支持されたからではない。あまりに現実離れした馬鹿馬鹿しい野党の妄想についていけなかったからだ。我が国では現在にいたるまで自民党に対する消極的支持が続いている。野党が愚かなためである。

若き政治学者は、野党が腐敗しきった状況に風穴をあけようとしていた。その政治学者の名を山口二郎という。

今では信じられない。安倍政権下で平和安全法制が整備された際、常軌を逸した暴言で物議を醸した日本政治学会の元理事長である。科研費を6億円ほど獲得したことでも有名だ。デモに参加した山口は絶叫した。

「安倍に言いたい。お前は人間じゃない。叩き斬ってやる」

意見が異なれば、殺害すると言うのだから、半ばテロリスト宣言であろう。まるで向坂逸郎の独裁擁護論、人権弾圧擁護論を彷彿《ほうふつ》とさせる妄言である。かつての「リベラル」と言いながらも理知的な提言をしていた政治学者は、どこに消え去ったのだろうか。歳をとるのが恐ろしいのか、何か不思議な事情があったのか、誰にも分からない。だが、彼は今やカマキリのように目がつり上がった「絶叫系政治学者」である。

日本を守ったのは市井の人々の常識

結局のところ、社会党は非武装中立の夢想から抜け出せなかった。さらには、独裁を志向する人々のコントロールから抜け出せなかった。仮に社会党が政権をとるような事態があったなら、日本は滅びていただろう。日本が滅びなかったのはひとえに日本国民が賢明だったからである。学者でもジャーナリストでもなく、日本を守ったのは市井《しせい》の人々なのだ。

選挙の際、社会党を全面的に支持することはなかった。だが、もう一歩踏み込んで考えてみれば、不幸と言えば、不幸である。真面目に政権交代を目指す野党が存在しなかったからである。常に自民党を支持せざるを得ない状況が続いてきたからだ。

社会党の狂気に満ちた理論とその歴史を振り返る。すると、なぜか、立憲民主党の姿が思い起こされる。安全保障政策で現実離れした主張を展開し、どれほど与党を批判しようとも国民の支持は得られない。日本を守るために整備された集団的自衛権の限定的行使容認を含む平和安全法制を違憲だと主張し続ける姿はかつての社会党を想起させる。

やはり思う。日本には真っ当な野党が必要だ。

2023年6月号　雑誌「WiLL」

外国人参政権に傾斜した旧民主党の反日的体質

２００９年8月30日の衆議院総選挙で、民主党が歴史的勝利をおさめ、自民党は野に下ることとなった。かつて１９９３年に非自民非共産連立の細川護熙内閣が誕生したときでさえも、自民党は比較第一党の地位を守っていた。だが、先の総選挙では自民党は完全に第一党の座を民主党に譲り渡すという政党結成以来の歴史的惨敗を喫したのだ。

民主党内閣が誕生した後、心ある有識者によって様々な政策上の問題点が指摘されてきた。国民の少なからぬ人々が日に日に民主党政権への危機意識を高めているのが現状である。

本来二大政党制においては、政権交代の際に国の根本に関わる政策に関しては大きな変更を伴わないのが常識である。たった一度の政権交代によって従来の価値観が１８０度転換するようなことが起これば、国家運営に混乱をきたすだけでなく、国家が諸外国からの信用を一気に失うからである。

民主党の政策について様々な問題が挙げられているが、その中でも最も日本にとって深刻な影響をもたらす政策が、永住外国人への地方参政権付与である。永住外国人への参政権付与とは文字通り、永住権を取得し、日本国に居住している外国人に参政権を付与するということである。「外国人参政権」とは、外国人でありながら、日本の政治に参画することができる権利のことを指す。

ここで誤解してはならないのは、日本という国は必ずしも外国人に門戸を閉ざしている国ではないという点だ。外国人であっても日本国籍を取得する意思があれば、法で定められた手続きを経て日本国籍を取得することは可能であり、これ自体が問題とも言えるのだが、日本国籍を取得すれば参政権も被参政権も与えられる。とりあえず、ここでは、日本国籍は広く開かれたものであって、閉ざされたものではないということを押さえておきたい。

日本国民になる道が開かれているのにもかかわらず、外国人が外国人のままで日本政治に参画する権利を要求しているのが、現在議論されている外国人参政権問題の本質なのである。

「地方」と「国政」は峻別しうるか

外国人参政権の問題点について議論するとき、「外国人参政権が導入されたらいかなる事態になるか」という観点から論じられることが多い。これは言わば外国人参政権における「現実的脅威論」とでも言うべき考え方である。

確かにこうした現実的脅威論の観点からの外国人参政権問題にも説得力がある。まずは現実的脅威論の観点から外国人参政権導入後のシナリオを考えてみよう。

例えば、一部地域では永住外国人が集住している。仮に、外国人参政権が認められた場合、これらの地域では我が国の国益を全く考えず、当該国の国益を至上とする政治家が誕生する可能性がある。日本国の政治家が日本の国益を無視して、他国の国益のために奔走するという事態は、どう考えても奇妙な事態といわざるをえないであろう。

だが、そうした際に、外国人参政権の推進派は次のような詭弁を弄するはずである。すなわち、国家の国益を追求する国会議員の職は国籍を有した国民が担うべきだが、地域の住民の生活の向上をめざす地方議員の職は、外国人にも開かれるべきではないだろうか、と。

だが、これはとてつもない誤解に基づいた主張であって、こうした誤解を知らずに主張しているのであればそれは無知であり、知りながら主張しているのであればそこには悪意がある。

こうした誤解は国家の安全保障政策に地方の声が大きく反映される事実を見逃しているのだ。

見逃せない国防・安全保障への影響

外国人の地方参政権を認めるということは、当然のことながら、その地方自治体の首長選挙にも外国人が参画することができるということだ。ここで考えてみたいのが地方自治体の首長の地位である。日本において地方自治体の首長は、単にその地方のサービスの向上のために存在しているわけではない。一部の地域では首長の存在が国家の安全保障問題と密接な関係を有しているのだ。例えば、２０１０年1月に行われた沖縄県名護市長選挙の結果、米軍の普天間基地移設の受け入れに反対派の稲嶺進が当選した。この結果、普天間基地の移設問題は複雑化した。

確かに、地方政治には安全保障政策を左右する権限は与えられていない。しかし、現実問題として、その地に住む国民の声を無視して国家が強引な安全保障政策を展開することは無謀な試みと言わねばならない。当該地方の国民の声を国政に反映させることは、政府にとって法的に定められた義務ではないが、政治的道義的には当然の責務だと考えられている。それゆえに、地方政治を国政と全く切り離された存在だとみることは不可能である。時に、地方の首長選挙が国家全体の安全保障政策に影響を及ぼすのだ。従って、地方政治における外国人参政権が認められた場合、究極的には日本の安全保障という国家の死活問題が、外国人によって左右されてしまうという事態に繋がりかねないのである。

こういった現実的脅威が生じる可能性は極めて高いといわざるをえない。それゆえに、こうした現実的脅威論は大きな説得力を持っているといってよい。

しかしながら、このような現実的脅威は、実際に外国人参政権が導入されてみなければ本当に生じるか分からないのではないかという指摘もまた事実である。確かに、こうした問題が本当に生ずるのか、反対派の単なる杞憂に過ぎないのか、それは誰にも分からない。しかし、何故にそのようなリスクをおかしてまで外国人参政権を付与する必要があるのかは極めて疑問である。日本国民にとって何のメリットもなく、デメリットのみが想定されるハイ・リスク・ノー・リターンの外国人参政権付与は費用対効果の観点から考えても愚かな選択であることが容易に分かる。

精神的・思想的問題の重大性

しかし、こうした現実的脅威だけではなく、思想、哲学的に考察してみると、外国人参政権付与はより大きな問題を孕《はら》んでいる。それは外国人参政権を一度与えてしまえば、確実にひき起こされる問題であり、脅威となる可能性がある云々の話ではない。外国人参政権を付与した途端に崩れ去ってしまう政治的な原理原則というものがある。

外国人参政権を認めることの最大の問題点とは何なのだろうか。

それは国民国家に関する精神的問題であり、思想的問題であるといってもよい。政治において、こうした精神的問題や思想的問題を取り上げることを愚かしいと感じる方がいるかもしれない。現実的脅威に比べたら比較にならないほどの小さな問題だと考える方がいるかもしれない。しかしながら、こうした精神的思想的な問題を軽視する態度は政治という極めて人間的な営みを考える上で大きな間違いと言わざるをえない。

例えば、総理大臣の靖国神社参拝問題を考えてみたい。

日本国の総理大臣が８月15日に靖国神社に参拝すること自体が、国民にとって現実的、直接的利益に繫がるわけではない。総理の靖国神社参拝に反発する国家との外交問題に発展する可能性もあり、近視眼的な「国益」を危うくする可能性すら秘めている。しかしながら、多くの心ある国民が、それでもなお総理の靖国神社参拝を願うのは何故だろうか。それは、総理の靖国神社参拝を日本国の根本にかかわる精神的、思想的な問題だとみなしているためであろう。すなわち、過去において我が国のために尊い生命を擲った方々を、今を生きる国民が祀り敬い、そして哀悼の念を捧げるという精神的、思想的態度が重要だと考えているからであり、こうした態度をかなぐり捨ててまで諸外国に阿諛追従《あゆついしょう》することにいかがわしさを感じているからに他ならない。すなわち、他国の鼻息を仰ぎ、今を生きる国民が当然果たすべき責務を放棄することは、国民国家としての日本に関わる重大な問題だと捉えるが故に、総理大臣の靖国神社参拝は、日本国民としては無視出来ない大きな問題であり続けているのだ。

こうした精神的、思想的問題を重視する我が国の心ある国民の在り方は極めて健全だといってよい。国家のために尊い一命を捧げた国民に対して、今を生きる国民がどのような態度で接するのかは、国民国家の根幹に関わる重大な課題に他ならないからである。こうした問題は一人ひとりの国民に「国家とは個人の一命を擲ってまで守るにたるものなのか」という思想的問いを突き付けているのだ。それゆえに、こうした問題は目先の単純な利益のみに拘泥することなく議論されねばならないのだ。

「『国民』とは何か」という根源的な問い

外国人参政権の問題も、国民国家としての我が国の在り方に係わる根幹的な問題である。実は、この問題が我々に突きつけているのは「国民」とは何かという問いに他ならないのだ。

現在、我々は国民国家という一つの政治的枠組みの中において生きている。普段意識することもないかもしれないが、この国民国家という政治制度では「国民である」ということに大きな思想的・精神的意義が与えられている。

国民とは、勿論、国籍を有する人に他ならない。国籍を有する人が国民であるというのが国民国家の基本である。しかしながら、国民であるということをそうした表面的、手続き的問題のみに矮《わい》小《しょう》化してはならない。国民であるということには、理念上一つの道義的・倫理的責務が要請されている点を見逃してはならないのだ。

単なる「人民」としてではなく、国家に生きる「国民」であるということとは何か。

こうした問題に取り組むためには、そもそも「国家とは何か」という問いと切り離して考えることができない。

国家とは単に行政的な機構を指すものではありえない。内閣や各省庁、地方自治体などサービスを提供する行政機構をして「国家」と定義づけることはできないのだ。それは確かに或る種の国家の形態であるかもしれないが、それのみが国家ではありえない。

例えば日本においては大東亜戦争の際、多くの若者たちが特攻隊員として出撃していった。彼らが「国の為に死ぬ」と言ったとき、そこで議論の俎上《そじょう》に挙がっている「国」、つまり彼らが殉じようとした国家というのは大日本帝国における東條内閣を始めとする行政機構を指すのではない。彼らが殉じた祖国とは、過去・現在・未来を垂直的に貫く日本という国家に他ならない。

国民であるということは過去・現在・未来を貫く「垂直的共同体」に帰属し、この共同体に帰属しているという自覚のもとに生きるということに他ならない。「国民」とは、単に行政機構としての国家に包摂される、つまり時間軸における「水平的共同体」に包摂される国籍を有する一国民ということだけではない。過去・現在・未来を貫く「垂直的共同体」に帰属する一員でもあるのだ。

そして国民には過去から現在に繋がっている垂直的共同体を守り、次世代へと継承していく義務が課されている。国民であるということは、道義的、倫理的責務を背負う覚悟の下に生きるということに他ならないのである。

国民であるということの思想的、精神的意義を踏まえてみれば、参政権というものが決して軽々しい存在ではないということに気付くであろう。参政権という権利は、他の「権利」とは趣を異にした高尚な権利なのだ。

垂直的共同体に生きる国民の義務

我々は参政権というものを「権利」として考えがちであるが、この権利は一つの精神的、思想的義務を前提としている。すなわち道義的、倫理的存在としての国民であることが義務付けられている。

垂直的共同体に生きる国民として、我々は過去より引き継いできた国家を将来の国民に対してよりよい形で残していかなければならない。そのための方策の是非を問うのが選挙なのである。選挙においてはそれぞれの政治家、政党が各々の政策を国民に訴えかける。それらの政策の中からよりよい政策を選択することによって、我々の垂直的共同体としての国家を継承、発展させていく方策を国民自身が選びとっていくのが選挙なのである。それゆえに国家の継承と発展を前提としない政策など、そもそも政治のあり方として異様なものだと断ぜざるをえない。先人から継承してきた日本をどのような形で発展させ、次世代へと託していくのか。その方法を競い、選択するのが選挙という政治システムなのである。それ故に、我々は選挙に際して厳粛な気持ちで参加すべきなのである。

現実の選挙には様々な問題点が存在している。しかし、ここで問い直したいのは、あくまで理念の上における国民としての倫理、道徳であり、国民としての作法ということなのである。

現在の日本では、こうした国民としての倫理、道徳が無視され、国民としての作法が失われつつあるようにも見える。残念ながら、同意せざるをえない部分もあるだろう。だが、我々は無意識の上にも国民としての作法に則って政治的選択を下していることも見逃してはならない。

日本の経済状況がどれほど苦しくなろうとも、教育政策を抜本的に変革し、国家が国民教育を放棄するなどという事態は考えられない。義務教育を全廃し、教育費分の減税を行い、国民の負担を軽減するなどという政策を訴える政治家はいないだろうし、仮にそうした政治家が出てきたとしても、国民は選挙の際にそうした政治家を落選に追い込むであろう。国家とは単に今を生きる我々だけのものではないという倫理観が無意識ながらも存在しているからこそ、国民は我が国の将来を担う若人への充実した教育を望むのだ。

以上を踏まえてみれば、選挙に参画するということは、確かに国民の権利ではあるものの、それは国民としての義務を果たすことでもあることに気付くであろう。すなわち、国家の政治に参画するという行為は、国民としての権利と義務が一体化した行為に他ならないのだ。

「国民」と「非・国民」の区別こそ肝要

それゆえに国民としての道徳的、倫理的義務が全く要請されない外国人に、単なる権利としての参政権を与え、我が国の政治への参画を許すということは、国民国家の原理原則上、大きな問題であると言わなければならない。それは国民としての権利と義務が一体化された行為としての選挙を否定し、選挙を単なる権利行使の場へと堕落させることを意味しているからである。外国人に参政権を付与することは、単に外国人の問題なのではない。日本国民が国民であることを放棄し、単にこの地域に住む人民として生きることへと直結する問題なのである。

国民としての生きる覚悟のないところに参政権は存在しない。それが国民国家の原理原則なのである。従って、参政権に関して「地方」と「国政」を分離して考えることも、国民国家の原理原則に反する。国民国家の原理原則から考えれば、参政権に関して「地方政治」と「国政」で区別すること自体がおかしな話なのである。

地方選挙であれ、国政選挙であれ、それは国民であるとの自覚の下に、垂直的共同体としての我が国の継承、発展のための方策を選択する場なのである。「地方」と「国政」を区別する必要も、論理的必然も存在しない。参政権に関しては、「国民」と「非・国民」(ここに差別的な意味はない)の区別こそが肝要なのだ。地方であれ、国政であれ、政治に参画するのはあくまで垂直的共同体に帰属する倫理、道義を備えた「国民」でなければならないのだ。

国民ならざる人民が一定の行政サービスを受けることは可能である。一国の社会福祉政策の恩恵を受けたり、道路や水道などのインフラを利用することは外国人であっても一向に問題はない。しかし、外国人であることを選択しながら、その国の政治に容喙《ようかい》するのは問題である。あくまで国家の一員としてその国家の行く末を考え、政治に参画したいとするのであれば、国籍を取得し「国民」になるのが正しいあり方であるはずだ。繰り返すが、そうした国籍の取得への道は開かれている。

「参政権付与は納税が条件」の根本的間違い

あくまで参政権とは国民に固有の権利に他ならないのだ。税金を支払っているのだから選挙権が与えられてしかるべきだという考え方が根本的に間違いであるのも国民であるということの重さを考慮していないからである。

仮に税金を納めていれば外国人であっても参政権を付与すべきだというのであれば、税金を納めていない国民からは選挙権が剝奪されなければならない。彼らの論理に則れば、不幸にして生活保護を受けている日本国民、未だ就労せざる20歳以上の大学生から選挙権が剝奪されることになる。

だが、現実にそういった境遇におかれた国民から参政権が剝奪されることはない。税金の納付如何にかかわらず彼らに参政権が与えられるのは、彼らが他ならぬ日本国民であるからなのだ。日本国民であるということは、納税の如何など比較にならぬほどの重みを帯びているのである。

それゆえに仮に外国人参政権を導入したいのであれば、国民国家としての日本という枠組みを全否定し、新たな政治枠組みを模索するという方向に向かわなければならない。国民国家の原理原則を否定してでも外国人参政権を付与したいとするのならば、推進派は国民国家に代わる国家の仕組みについての説明を怠るべきではなかろう。

だが、彼らがいかなる理性をもってシステムを構築しようとも、そうしたシステムが歴史の中で発見され、保全されてきた国民国家という制度以上に優れており、人々を幸福にすることができるシステムだとは思えない。こうした現実を直視し、国民国家の原理原則が持つ精神的、思想的意義を再確認すべきであろう。

2010年3月「撃論ムック」

第5章　荒ぶる独裁国家に備えよ

日本の急所、南シナ海のシーレーンに迫る危機

世界の目が、中国発の新型コロナウイルスに注目している。当然といえば、当然の話である。わが国でも感染者や死者が出ており、対岸の火事というわけにはいかない。だが、新型ウイルスの蔓延以外でも世界は激動している。とりわけ、われわれが注視しなければならないのが、国際情勢の大きな流れである。

世界の潮流は「米中二大国が覇権争いをしている」ということだ。この流れの中で、日本が無視できないのが昨今のフィリピンの動向である。

フィリピンのロドリゴ・ドゥテルテ大統領は、麻薬の犯罪者に対して強硬なことでも知られ、日本の天皇陛下を敬愛していることでも知られている。多くの日本国民が「強硬な姿勢ながらも親日家」とのイメージを持っているのではないだろうか。

だが、国際情勢を眺めてみたとき、ドゥテルテが「危険な選択」をしたことを、われわれ日本国民は注意しておく必要がある。

フィリピン政府は２０２０年2月11日、米軍の国内における法的な地位を定めた「訪問米軍地位協定（ＶＦＡ）」の破棄を米国側に通告したと発表した。同協定は、両国が実施する合同軍事演習の根拠ともなっており、米国とフィリピンの「相互防衛条約」を有名無実化させかねない選択である。

この決断に至る直接的な原因としては、ドゥテルテに近いロナルド・デラロサ上院議員に対し、米国が入国ビザの発給を拒否したことが挙げられている。デラロサは警察長官時代に強権的な「麻薬犯罪対策」を指揮し、非人道的とされた人物である。

ドゥテルテは、腹心が入国拒否されたことに憤りを感じ、「ＶＦＡの破棄」を米国に通告したのだ。

これに対するトランプ米大統領の反応は、いかにも彼らしかった。「別に構わない。多くのお金が節約できる」と豪語したという。

だが、問題は経済的側面より、世界覇権を目指す中国の動向である。

米国とフィリピンの相互防衛条約が有名無実化すれば、南シナ海における米国の影響力が落ちるのは火を見るよりも明らかだ。力の空白地帯には他の力が入り込む。米国の影響力低下は、自動的に中国の影響力が増すことを意味している。

日本は誰もが知る海洋国家に他ならない。「自由」と「民主主義」という価値観を共有する勢力によって守られた海を求めるのが基本的戦略であるはずだ。フィリピンが面する南シナ海は、日本に向かうタンカーが通る世界有数のシーレーンであり、日本の生命線である。

フィリピンが米国に反発して、共産党一党独裁の中国に妥協すれば、南シナ海は情報を隠蔽し、人権を弾圧する中国が管理する海になりかねない。「自由な海を守る」ことを、日本国民が真剣に考えるべきときが到来している。

2020年2月21日　夕刊フジ

「米中対立」時代に「中立」を選択する愚

「米中対立」という言葉がある。私はこの言葉にどこか違和感を覚えずにはいられない。確かに、米国と中国が覇権を争っているのだから、「米中対立」は客観的な事実を伝えている言葉ではある。従って、そこに虚偽が入り込んでいるわけではない。

しかし、日本のマスコミや評論家がこの言葉を用いる際、どこか傍観者然とした態度が滲《にじ》み出ている点が気にかかる。自らとは関わりのない問題であるかのような態度に終始しているように思われてならない。

日本は米国を選ぶのか、それとも中国に加勢するのか、あるいは、どちらとも中立的な立場を堅持しながら、米国に安全保障面では依存し、中国とは経済的に互恵関係を保つのか。常識的に考えてみれば、その3つの選択肢が思いつくはずだ。だが、こうした選択肢はあくまで仮定の議論であって、現実の中で全ての選択が可能なわけではない。

だが、我が国においては3つの選択肢の全てが、日本の意志で自由に選べるかのような幻想が存在していないだろうか。米国と組む、中国と組む、中立の立場をとる。全てが同等の価値を持つかのような誤謬が戦略の名のもとに肯定されている。

最も賢《さか》しらぶりながら愚劣極まりないのは、中立的立場を堅持するという立場だ。優れた政治思想家であったマキャヴェリは『君主論』の中で、優柔不断な君主は中立という立場を選びたがり、その多くが滅ぼされていることを鋭く指摘している。大国間において中立という選択が最も愚かだと彼は断じているのだ。

また、我が国は自由と民主主義を重んずる国家である。古くは天安門事件、直近では香港での強権的な中国共産党支配は基本的人権を無視する専制政治に他ならず、到底、我が国、そして自由主義社会の諸国が容認できるような政治姿勢ではない。加えて、南シナ海における海洋進出、世界中の国々に好戦的な姿勢を明らかにしている「戦狼外交」も是認できるものではない。

冷静に考えてみるならば、自由と民主主義を重んずる我が国は中国共産党と対峙しなければならない宿命を背負わされている。目先の利益に惑溺《わくでき》し、大局を見失うことがあってはならない。

もちろん、常に中国と事を構えよと主張するつもりなど毛頭ない。だが、主張すべきときに主張しないことは相手の横暴な態度を助長することになる。

安倍晋三前政権の路線を継承する菅義偉内閣は、中国という巨大で野蛮な隣国に必要以上に居丈高になることはないが、鼻息を仰ぐような卑屈な態度に終始することがあってはならない。

2020年9月28日　夕刊フジ

「イスラム教の中国化」に突き進む中共の無理筋

1942年1月20日、ドイツ・ベルリン郊外、ヴァンゼー湖の畔にある大邸宅で重要かつ残虐な会議が開かれた。会議を主宰したのはナチスの国家保安部長官、ラインハルト・ハイドリヒ。この会議においてユダヤ人問題に関する「最終的解決」、すなわち、史上稀にみる一民族の大量虐殺が決定された。

2020年9月25、26両日、北京で極めて重要かつ深刻な会議が開かれた。流石に、一民族の消滅が決定されたわけではないが、国家による少数民族の基本的人権の弾圧を擁護、是認する議論が恥じることなく展開された。

ウイグル自治区に関する重要会議「中央新疆工作座談会」が6年ぶりに開催されたのだ。中国メディアなどによると、出席した共産党最高指導部の前で、習近平主席は次のように述べたという。

「共産党の統治政策は完全に正しく、長期間にわたって必ず堅持すべきだ」、「イスラム教の中国化を堅持せよ」、「中華民族共同体の意識を心の奥底に根付かせよ」

現在、世界中で非難されている中国政府による「基本的人権の弾圧」を擁護する発言だといっていい。中国政府の人権弾圧については、英国のラーブ外相が「おぞましく、甚だしい」と非難し、多くのヨーロッパ諸国がこれに同調した。習は「人権の先生はいらない」とうそぶいてみせたが、世界の中で人権を無視する中国は孤立しつつある。

習の言葉の中で注目すべきは「イスラム教の中国化」、「中華民族共同体の意識」との2つだろう。「イスラム教の中国化」とは、一体何を意味するのか？　本来、イスラム教は世俗的な国家を超越した信仰の共同体を重視する。イスラム教の論理に基づけば、国家は人間がつくり上げたものに過ぎないからだ。

だが、習はイスラム教を中国化せよと主張する。これは要するに、国家、とりわけ中国共産党に盲目的に従属するイスラム教へと変化せよとのメッセージに他ならず、敬虔《けいけん》なイスラム教徒にとっては到底受け入れることのできない命令だろう。そもそもマルクスが「宗教は阿片（アヘン）」と断じたように共産主義と宗教とは水と油の関係にある。

２０２０年９月30日　夕刊フジ

人権無視の国家に媚びてはいけない理由

コロナ禍があぶり出したのは冷厳な事実だ。

「リベラル」と称する人々は、国家の存在を軽んじ、「国家の時代は終わった」などと安易に主張していた。だが、パンデミックという世界的な危機に際して、適切な対応を取ることが可能だったのは国家だけであった。

もちろん、国家間の協調が重要であることは言をまたないが、国家を超越した組織が国家以上に機能することはなかった。あくまで現代政治の基本単位は国家なのである。

空想を排し、冷静に現実を眺めてみると、必然的にわが国の進むべき道がみえてくる。

コロナ以前から既に「米中対立の時代」に入っていたが、コロナの問題を機にますます対立は深まっていくだろう。それは現実政治において米中が対立するだけでなく、「あるべき国家とは何か」という理念上の対立にまで発展する。

トランプ米大統領は名指しで中国を批判し、中国も米国を強く非難している。だが、こうした表面的な批判の応酬以上に重要なのが理念としての国家のあり方なのである。

米国が最も重視するのは「自由と民主主義」だ。これは米国の一貫した理念であり続けている。

これに対して、中国が掲げるのは「共産党によって強力に指導された政治体制」だ。中国が武漢におけるウイルスを封じ込めたと喧伝した際、中国共産党の強力な指導体制を誇った。これは単純に共産党をたたえているのではなく、「自由民主主義社会は自分たちの理念ではない」ことを暗に世界に示したのだ。

危機の際、自由民主主義社会の対応が遅れがちになるのは事実だ。なぜなら、自由民主主義社会においては効率以上に「国民の基本的人権」や「自由」を尊重するからだ。国民の権利や自由など全く意に介することなく、ひたすら効率を追い求める非・自由民主主義社会の方が迅速な対応を取ることが可能である。

だが、効率のみを追求する社会において、人々は幸せに生きることができるのだろうか。

現在、香港で「国家安全法」が導入されようとしており、多くの市民が怒りの声をあげている。なぜ、彼らは必死に戦うのか。それは、「自由民主主義社会こそが、最も人間らしく生きることができる」という確信があるからだ。

天安門事件（１９８９年６月４日）を思い返せば分かるように、中国は「経済の自由化」は認めても「政治の自由化」は認めない。なぜなら、政治の自由化は中国共産党による支配を根底から覆す可能性が高いからだ。

一度、香港の自由が失われれば、自由を復活させることは困難だ。「表現の自由」「思想信条の自由」などの自由が奪われ、生きづらい社会が到来する。

2020年6月8日　夕刊フジ

中国のウイグル弾圧は「ジェノサイド」だ！

文字通り驚愕した。毎日新聞が2021年1月26日午後、「政府、中国のウイグル弾圧を『ジェノサイドとは認めず』米国務省認定と相違」とネットに流した報道である。ジェノサイドとは、国際法上の犯罪となる「民族大量虐殺」のことだ。

自民党外交部会で同日、外務省の担当者が、中国の新疆ウイグル自治区における行動は「日本政府としては『ジェノサイド』と認めていない」との認識を示したという。

ポンペオ前国務長官は退任前の19日、中国の行動を「ジェノサイド」と厳しく非難し、次期国務長官に指名されていたブリンケン元国務副長官も同日の上院外交委員会で、「同意する」と明言した。

日本外務省は、これを否定してみせたわけである。

ここで私が批判するのは、米国との意見の不一致があったということではない。同盟国であるとはいえ、全ての見解を米国と同じくする必要などない。だが、この外務省担当者の説明は、日本が文明国であるか、否かを問われかねないような説明だ。

「ジェノサイド」とは、20世紀に造られた単語である。この言葉の創作と普及に人生をささげたといっていいのが、ラファエル・レムキン博士だ。ポーランド出身のユダヤ人であるレムキンは、第一次世界大戦時のトルコ政府によるアルメニア人虐殺を知る。アルメニア人が何か罪を犯したわけではない。アルメニア人であるという理由で虐殺の対象となったのだ。多くの無辜の民が殺されたにもかかわらず、トルコ政府を裁く法的な根拠がなかった。

一国民が一人の人間を殺せば殺人罪に問われる。だが、国家が一民族を対象として大量虐殺に手を染めても罪に問われることはない。国家による合法的民族虐殺が是認されてしまっていた。

こうした不条理を許すべきではないと考えたレムキンは、一集団を対象とする虐殺を「ジェノサイド」と命名し、こうした行為は国際的に非難し、制裁を加えられるべきだと説いたのだ。主権国家であっても許されざる行為があるとの主張は画期的だった。

レムキンの主張もむなしく、第二次世界大戦時にはナチス・ドイツによるユダヤ人に対するジェノサイドが行われた。空前の規模の虐殺であり、世界の人々はこの事実に凍り付いた。アウシュヴィッツの悲劇を繰り返してはならぬとの思いが世界に広がった。こうして二度と「ジェノサイド」を許してはならぬとの思いから、戦後、ジェノサイド条約が締結される。

本来であれば率先して批准すべきわが日本はこの条約に未批准である。このこと自体もどかしく思っていたが、今回、中国政府の新疆ウイグル自治区の重度な人権弾圧をジェノサイドにはあたらないと外務省が説明したと報じられた。間違いであってほしいと願わずにはいられない。

トランプ前政権であれ、バイデン政権であれ、中国のジェノサイドを許してはならないとの姿勢を米国は示した。見識といってよい。

中国の鼻息を仰ぎ、人権弾圧を容認するかのような発言をすることは、わが国の名誉、そして国益にかかわる重大事だ。

文明国家、道義国家として、わが国は、いかなる国家の人権弾圧も許さぬ姿勢を明らかにすべきである。

２０２１年１月29日　夕刊フジ

対中「政冷経熱」は日本側の妄想

「政冷経熱」との造語がもてはやされた時期があった。日本と中国は政治的には冷めた関係だが、経済的には熱い関係にあるとの意味で用いられてきた。「政治的には問題を抱えた2カ国だが、経済的には極めて友好的な関係を維持したい」という日本人の意識を端的に表した言葉だったといってよい。

だが近年、「政冷経熱」なる言葉の空疎さが明らかになりつつある。

トランプ前米政権の末期、ポンペオ国務長官は、習近平国家主席率いる中国における新疆ウイグル自治区の人権状況を「ジェノサイド」と厳しく非難した。「ジェノサイド」とは20世紀に、ポーランド系ユダヤ人の弁護士、ラファエル・レムキンが「占領されたヨーロッパの枢軸国支配」において提唱した概念で、「一民族の抹殺」を意味する非常に強い言葉だ。

バイデン政権の、ブリンケン国務長官も、こうした基本的な考え方を継承することを明らかにしていた。人権問題に関して中国に強い姿勢で臨むとの態度の表れだ。

5月19日、衣料品店「ユニクロ」の男性用シャツが２０２１年１月、米国への輸入を差し止められていたことが明らかになった。米国が制裁対象とする「新疆生産建設兵団」が原料綿の生産に関与した疑いがあったためだ(=ユニクロ側は『差し止め措置は不当』『原材料は中国国外で生産されている』と主張している)。

ユニクロを展開するファーストリテイリングの柳井正会長兼社長は4月8日の決算記者会見で、ウイグルの綿花を使用している可能性を尋ねられた際、「政治的な質問にはノーコメント」、「人権問題というより政治的問題だ」と返答したことは記憶に新しい。従来の日本政府、企業の「政冷経熱」の基本的な考え方に基づいた言葉だったのだろう。

振り返ってみれば、日本政府は天安門事件(1989年6月4日)の際に人権問題を軽視する判断を下していた。

昨年末に一般公開された外交文書において、当時の日本政府は天安門事件を「人道的見地から容認できない」としながらも、「中国の国内問題。対中非難にも限界」と指摘し、西側諸国が「制裁措置等を共同して採ることには日本は反対」との方針を明記していた。

沖縄県・尖閣諸島をめぐる問題があろうとも、深刻な人権弾圧の問題があろうとも、「政治は政治であり、基本的に経済とは関わりのない問題である」との立場を取ってきた。

しかし、今回の米国によるユニクロ製品の輸入禁止措置で、「人権問題では中国と妥協しない」という米国の姿勢が明らかとなった。中国国内の人権問題という政治的問題が、日本企業の経済的問題につながったのだ。ＥＵ議会も「対中投資協定の批准凍結」という姿勢を示した。政治と経済とは無関係ではあり得ないことが示されたといっても過言ではない。

敢えて言おう。「政冷経熱」は日本国民の願望からなる虚妄に過ぎない。国家が存在する限り、政治と切り離された経済など存在しない。そして政治が経済に優先するのが現実だ。ノーベル平和賞を受賞した作家のノーマン・エンジェルは経済交流が盛んになれば、戦争などという非効率的な行動を起こす国はないと主張した。しかし彼の主張も虚しく第一次世界大戦は勃発した。願望に固執して現実を見誤ってはならない。

２０２１年５月22日　夕刊フジ

拉致事件に影落とす北朝鮮「主体思想」の正体

２０２０年２月３日、有本嘉代子さんが亡くなった。享年94。いうまでもなく、北朝鮮による拉致被害者、有本恵子さん（60）＝拉致当時（23）＝の御母堂である。

恵子さんは１９８３年に拉致された。ちょうど、私の人生と同じ年月、拉致された状態が続いていることになる。私は一人の日本国民として、言論人として、彼女を救出して、嘉代子さんにお会いいただくことができず、誠に申し訳ない思いがする。

恵子さんの拉致事件について調べていると、１つのイデオロギーの存在にぶつかる。北朝鮮の国家行動の基盤となっており、唯一思想体系と位置付けられている「主体思想《チュチェ》」である。

チュチェ思想とは、一言でいえば、北朝鮮の全人民が金日成《キム・イルソン》主席の血統を受け継ぐ者の指導に従ったときにのみ、「主体的」に生きられるという思想である。表では「主体性」を重んずる思想であるとしながら、その実態は、金一族に未来永劫《えいごう》にわたって隷従し続けなければならないという全体主義思想である。

なぜ、この主体思想が拉致問題と関係するのか？

その答えを知るために有益なのが、八尾恵の著書『謝罪します』（文藝春秋）だ。この八尾こそ、恵子さんを拉致した張本人であり、著書で日本人拉致工作の全容を記しているのだ。八尾が拉致に関与するようになった背景には主体思想が存在した。

八尾が20歳のとき、友人に在日朝鮮人が多かった長兄から「朝鮮映画を観る会」に誘われた。この映画はいわゆる「抗日映画」であった。この映画に感動した八尾は「日本青年チュチェ思想研究会」というサークルに顔を出すようになった。

その後、八尾は「実践的な活動ができる」ということで、家族にも告げずに北朝鮮に飛び立つ。徹底した洗脳教育を受け、主体思想に染まりきった八尾はヨーロッパにおける日本人拉致に手を染めるようになっていく。

恵子さんを拉致したことを反省するのではなく、「なぜ、有本さんが革命思想に染まらないのか」を心配していたというのだから、主体思想による洗脳がいかに恐ろしいものであるか理解できるだろう。

そんな八尾の良心が目覚めたのは、地下鉄サリン事件（１９９５年）だった。「私が命懸けで信じ守り抜いてきた思想も活動も、『何から何まで本質的にはオウムと同じだ』と直感」したのだという。

われわれは自分自身の意志が強く、自我が強固だと信じて生きている。しかしながら、人間の自我とは実にもろいものだ。その人間の弱さに付け込み、徹底した洗脳教育によって「革命戦士」を育てるのが主体思想だ。

拉致問題を考える際、主体思想という観点から考え直してみる必要を痛切に感じている。

２０２０年2月19日　夕刊フジ

第6章　リベラル・ファシズムという猛毒

米国社会蝕む「批判理論」の毒矢

「1619年プロジェクト」が『ニューヨークタイムズ』の支援のもと、大々的に展開されている。アメリカの歴史の起点を1619年に置き、学ぶプロジェクトである。

多くの人は戸惑うはずだ。アメリカの建国は一般的に1776年とされている。言うまでもなく、『アメリカ独立宣言』が発表された年である。では、1619年とは何が起こった年なのか。実は、ジェームズタウンに初めて奴隷が連れられた年こそが１６１９年なのである。１６１９年プロジェクトとは、１６１９年から現在に至るまで奴隷制度がアメリカに大きな影響を及ぼしていることを子供たちに学ばせるプロジェクトである。現代の法律、制度、文化に至るまでそうした奴隷制度の影響を読み取らせようとするのだ。

こうした奇妙な歴史学の理論的支柱となっているのが「批判的人種理論」だ。批判的人種理論を理解するには、その前提となる「批判理論」を押さえておく必要がある。

マルクスはブルジョワジーとプロレタリアートに人類を二分化した。プロレタリアートの憎悪の念を焚き付け、ブルジョワジー打倒、革命へと向かわせるのが共産主義の核心である。マーク・R・レヴィン著『アメリカを蝕む共産主義の正体』（徳間書店、山田美明訳）は現代アメリカを蝕む共産主義の特徴は「多様性」にあると喝破する。誤解してはならないのは、多様性の擁護を謳う人々は決して個人の多様性を擁護するわけではないということだ。彼らは有色人種、ＬＧＢＴなど社会によって抑圧されているとされる人々の「集団的アイデンティティー」に注目する。抑圧されているとされる少数者の集団に対し革命を扇動する。また、そうした社会の不正義を正すように学生たちを洗脳し唆す。

こうした運動の理論的基盤が批判理論である。マルクス主義の影響を受けたフランクフルト学派左派、マルクーゼが提唱した理論だ。マルクーゼに従えば、伝統的な理論や常識といったものは権力者の利益となっている。批判理論はこうした常識を覆すがゆえに抑圧された者の利益となる。多くの無知な大衆は伝統的な教育や常識に囚われ、自らの思考そのものが権力者に都合が良いものであることを理解できない。これを根本的に覆そうとするのが批判理論である。

批判理論の亜種である批判的人種理論は全ての歴史を人種差別の観点から捉えることを要求し、漸進的に人種差別が改善されてきた事実には目をつむる。批判的ジェンダー理論では、生物学や科学が現代の常識をつくり上げたと攻撃し、「男らしさ」「女らしさ」は自らが決定できると主張する。

環境保護運動もマルクス主義に汚染されている。彼らは脱成長を唱え、自然環境の保全を求めるが、その本質は資本主義社会の打倒にある。マルクス主義の亜流とみることができる。こうした過激なマルクス主義を流布しているのが大学だ。大学では保守系の研究者はいわれなき中傷の対象となり、マルクス主義を信奉する者たちの聖地、洗脳セミナーの会場となっている。こうしたマルクス主義と断固として闘わねばならないと説くのが本書の主張である。

アイヌや琉球民族に対する迫害の歴史に固執する歴史学者、トランスジェンダーの権利を声高に唱える学者、保守政党を謳いながら彼らの邪悪な底意に気づくことなく、進んで批判理論の実践者となっている自民党の政治家。『アメリカを蝕む共産主義の正体』の扱う危険思想は日本にも着実に広がりつつある。

2024年1月号　雑誌「WiLL」

コロンブスの銅像破壊は世紀の愚挙

米中西部ミネソタ州の白人警官による黒人男性ジョージ・フロイドの暴行死事件（２０２０年５月）を契機として、米国で人種差別批判が強まっている。略奪や暴動にまで発展しているデモに注目が集まっているが、今回私が取り上げたいのは歴史上の人物の銅像を破壊する運動だ。

現在、コロンブスの銅像が各地で相次いで破壊されている。アメリカ大陸を「発見」した英雄ではなく、先住民を虐殺した犯罪者だったというのが理由である。

一人の有色人種として私はコロンブスのアメリカ大陸「発見」などという表現には強い違和感を覚える者だが、歴史上の人物の銅像を破壊するという行為には全く賛同できない。異論があるのは当然のことながら、コロンブスもまた歴史的人物であったことは否定できないであろう。

銅像が破壊されているのはコロンブスだけではない。

南東部バージニア州では州都リッチモンドにあるリー将軍の銅像の撤去が知事によって決定された。リー将軍とは南北戦争の際、南軍を指揮した司令官である。あまり日本ではなじみがないが、米南部では絶大な人気を誇る将軍である。

日経新聞の上級論説委員である大石格は『アメリカ大統領選　勝負の分かれ目』（日経プレミアシリーズ）の中で次のように指摘している。

「南部に住む白人は、奴隷制度は悪だったといわれても、奴隷を必要とした南部のプランテーション農法は時代遅れだったといわれても、南北戦争を引き起こした南部連合のジェファソン・デイビス大統領は無謀だったといわれても、反論しない。だが、アメリカ連合軍を率いたロバート・E・リー将軍をあしざまにいわれたら……黙っていられないだろう」

いうまでもなく現代において奴隷制を擁護するのは愚かである。しかし、その時代に生きた人々を現代の価値観で裁き、否定することは妥当なことだろうか。

古代ギリシャの哲学者アリストテレスは奴隷制を擁護する議論を展開していた。だからといって、アリストテレスの『政治学』『ニコマコス倫理学』を読むべきではない、という議論にはならないはずだ。

現在でも多くの鹿児島県民は西郷隆盛を敬愛してやまない。西郷は西南戦争という日本における内戦の首謀者であったということもできる人物だ。しかし、上野公園から西郷隆盛像を撤去するなどという事態になれば、多くの国民は反対の声をあげるだろうし、私もその先頭に立ちたいとすら願う。

時代の中で人間は生きている。現代の価値観に従って歴史的人物の銅像を破壊し始めれば、全ての歴史的人物が否定されることになる。正義の名の下に銅像を破壊しはじめれば、全ての歴史を否定することになる。歴史の前に謙虚であるべきだ。

２０２０年６月13日　夕刊フジ

「リベラル」の証は国民アイデンティティーの否定

バイデンが２０２１年１月20日（日本時間21日未明）、第46代米国大統領に就任した。多くの「リベラル」メディアは、バイデン大統領誕生を歓迎しているような様子である。だが、私は素直にこの大統領の就任を祝う気になれない。「リベラル」という病が米国、そして日本を蝕《むしば》んでいるように思えてならないからだ。

就任演説を読むと「民主主義」を11回、「結束」を８回も呼びかけている。私が注目したいのは「結束」の部分だ。例えば、次のような表現がある。

「大統領に就任した今日、私は米国を１つにすること、国民、国を結束させることに全霊を注ぐ。

国民の皆さんに、この大義に加わってくれるようにお願いする。怒り、恨み、憎しみ、過激主義、無法、暴力、病、そして、職と希望の喪失という共通の敵と戦うために結束すれば、素晴らしく大切なことを成し遂げられる」

あまりに白々しいセリフだと思うのは、私だけだろうか。

トランプ前大統領が米国を「分断」させた。だからこそ、バイデンは「結束」を強調すると言いたいのだろうが、それほど単純な話ではないだろう。

真剣に考えてみて、実際に米国を分断させたのは誰なのか？　それは決してトランプ前大統領ではなかったはずだ。

米国国民というアイデンティティーを否定し、さまざまなマイノリティーのアイデンティティーを過度に強調してきたのは「リベラル」ではないのか。

民族的、性的マイノリティーの人権を擁護するのは当然だ。人間として生きる権利を否定することなど許されるはずがない。しかし、彼らの人権のみを過度に強調し、米国の庶民を敵視するような風潮がなかっただろうか。こうした米国を分断させる「リベラル」への憤りの念が、トランプへの支持につながっていたのだろう。

ツイッター、フェイスブックといったＳＮＳは、トランプが米連邦議会議事堂襲撃を煽ったとしてアカウントを停止した。「言論を封殺した」という指摘もある。

常識に立ち戻って考えてみるべきだ。こうした言論の統制が「結束」をもたらすはずがない。自らの意見を表明することすらできないとの大衆の憤りの念は、米国内の分断を深めるだけだ。

私はトランプを熱烈に支持した一人ではない。日本の国益を第一に考える愛国者として、その外交感覚には危うさを覚えていた者である。だが、彼を「悪魔化」してしまうことを憂慮している。トランプ、そしてトランプ支持者を悪魔のように扱うことによって、米国の「結束」が甦ることはあり得ないからだ。

「リベラル」は、国民としてのアイデンティティーを否定することが、知的に洗練されたことであるかのようにみなす。

だが、これは間違いだ。国家なくして人権の擁護はあり得ない。国民としてのアイデンティティーを取り戻すことこそが肝要なのだ。

2021年1月25日　夕刊フジ

「エコファシズム」の正体は「スイカ」だ！

「一つの亡霊がヨーロッパを徘徊《はいかい》している。それは共産主義という亡霊である」

このような書き出しで始まるのが、マルクスとエンゲルスによる『共産党宣言』だ。

現在も同じような状況にある。一つの亡霊がヨーロッパを徘徊している。それは「エコファシズム」という亡霊である。

現在、ヨーロッパで奇怪な事件が続出していることを、ご存じだろうか。

ロンドンのスーパーでは、牛乳が床や商品棚にぶちまけられた。同市の美術館では、フィンセント・ファン・ゴッホの絵画「ひまわり」に、トマトスープがかけられた。同市にある英高級車メーカー、アストンマーティンのショールームの壁に、オレンジ色の塗料をかけられた。

パリのルーブル美術館では、レオナルド・ダ・ヴィンチの名作「モナ・リザ」に、ケーキが投げつけられた。イタリア・フィレンツェの美術館では、サンドロ・ボッティチェッリの名画「春」に、活動家が接着剤で自らの手を貼り付けた。

なぜ、このような事件が続出しているのか。「ひまわり」にトマトスープをぶちまけた犯人の言葉が全てを物語っている。

「絵画と、地球と人々の命を守ること、どちらが大切なのか」

彼らは自分たちが地球環境を守るために、正義を実践していると考えている。地球環境を守るためならば、犯罪に手を染めても恥じることがないという姿勢である。

この過激な環境原理主義者を「エコファシスト」という。彼らの信奉する「エコファシズム」は、現代の全体主義といってよい。筆者はかねてよりエコファシズムが日本に輸入されることを恐れ、警鐘を乱打しようと決意していた。

そこで、エネルギー温暖化問題の第一人者である、東京大学公共政策大学院の有馬純特任教授とともに、共著『エコファシズム』（育鵬社）を出版した。出版に合わせるように次々と事件が起き、われながら驚いている。

私と有馬は、「エコファシズムの正体は『スイカ』である」と結論づけた。外から見ると緑（環境主義）だが、中を割ってみれば真っ赤（共産主義）である。エコファシストたちは資本主義体制を憎悪し、人々や企業の自由を束縛しようとする。大義名分に掲げるのが「地球のため」だ。

地球環境を守りたいという気持ちは理解できる。だが、そのためであれば、犯罪者となっても許されるわけではない。人類の名画を毀損《きそん》する行為が、地球環境保全のために正当化されるはずもない。穏健で常識的な環境保護なら理解できるが、あまりに彼らは過激化している。

エコファシズムの理論的支柱となっているのはマルクス主義だ。形を変えたマルクス主義に、われわれは注意を忘れてはならない。

2022年10月22日　夕刊フジ

「テロ礼賛」はびこる日本社会の危険な兆候

日本には危険な兆候が現れている。テロを礼賛、ないしは擁護・容認するような風潮がまかり通っていることである。これは、「自由・民主主義社会の危機」だ。なぜなら、いかなる主義主張を唱えようとも、言論によって社会を変革するのが自由・民主主義社会だからだ。暴力によって他者の言論を封殺するようなことがまかり通れば、自由・民主主義社会は崩壊する。

重信房子が2022年10月16日、講演を行ったとの報道があった。彼女はテロ組織「日本赤軍」の最高幹部だった。彼女の仲間が1972年5月、イスラエルのテルアビブ空港で自動小銃を乱射し、無辜の民、約100人を殺傷した。許されざるテロ事件である。

この事件について、彼女は著書『りんごの木の下であなたを産もうと決めた』で、次のように記している。

「アラブにとって、今も輝く国際連帯の金字塔は、『リッダ空港襲撃作戦』(※日本赤軍はテルアビブ空港をリッダ空港と呼ぶ)です」

自分たちのテロによる虐殺が「輝く国際連帯の金字塔」だと誇るのだから、あきれるより他にない。

重信と同じ、日本赤軍の元メンバーである足立正生監督は、安倍晋三元総理を暗殺した容疑者をモデルにした映画「REVOLUTION+1」をつくり、敢えて「国葬(国葬儀)」(9月27日)近くに上映した。

朝日新聞は同月23日、この映画を取り上げた。足立は容疑者を「英雄視したくはない」と語りながらも、次のように語った。

「個人的な決起を、いつからテロと呼ぶようになったのか。元テロリストと呼ばれている僕は疑問です」

民主主義の根幹である選挙の最中に、民衆に訴えかけている元総理を射殺したことが、「個人的決起」であり「テロ」ではないとは奇妙である。そんな理屈が通用するはずがない。

宗教的恨みからの犯行であってテロではない、との主張もある。だが、これだけの政治的混乱を惹起《じゃっき》した暗殺事件を「テロ」と呼ばないのは異常である。しかも、犯行の動機は容疑者が供述しているだけであり、確定的とはいえない。「政治は結果である」という常識に照らして考えれば、安倍の殺害は間違いなくテロに当たる。

恐ろしいと感じたのは、この映画を嬉々として紹介した朝日新聞だ。

私は朝日新聞の諸氏に問いたい。安倍の政策に反対するのは構わない。だが、諸君はテロリストを擁護・容認するようにも受け取れる報道に、問題意識、罪の意識を感じないのか。赤報隊事件では、朝日新聞の記者が殺害された。テロだ。このとき、「暴力は許さない」と主張したのではないか。

右にせよ左にせよ、「暴力による言論封殺は許すべきでない」との常識を忘れれば、自由・民主主義社会は崩壊する。

2022年10月18日　夕刊フジ

「絶望からのテロ」という倒錯の論理

またも愚劣な発言だ。結果として、テロを擁護することになりかねない。テレビ朝日系「羽鳥慎一モーニングショー」で2023年4月18日、コメンテーターを務める同社社員、玉川徹が次のように発言した。

「将来に対して希望が持てない」、「絶望感が人によっては色んなところに向かうんだと思いますが、その向かう先がテロに向かってしまう」

絶望感を抱いた人々がテロに向かうことは致し方ないことだ、とも解釈できるこの発言は問題だろう。

人生に絶望した瞬間を、多くの人々が経験しているはずだ。受験に失敗した、恋人に裏切られた、ケガや病気で人生の目標がかなわなくなった、貧困のため望まぬ就職を余儀なくされた――。多くの人々は歯を食いしばりながら、その絶望と闘い、歩み続ける。人生はバラ色ではない。だが、テロになど走らない。

高千穂大学教授の五野井郁夫は「日刊ゲンダイ」(19日発行)の「見えてきた動機」、「岸田襲撃犯」、

『アベ政治』への激しい怨嗟」というタイトルの記事で、次のようにコメントしている。

「(テロリストは)もともとは自民党支持者ながらも、投票などの正当な手続きでは格差や階級支配をどうにもできない、と絶望した末の犯行ではなかったのか」

ここでも語られているのは、「絶望」がテロを生んだ、という単純な因果関係である。人生に絶望しようが、社会に不満を抱こうが、いかなる政治体制の変革を望もうとも、テロリズムは決して許されるべきではない。それが自由民主主義社会の大原則だ。

「日刊ゲンダイ」の記事は、次のように締めくくられている。

「政治への怨嗟を放置していては、また同じことが繰り返されるだけだ。再び襲撃犯を生みださない責任は、権力を持つ政治側にもある」

まことに「倒錯した議論」と言わざるを得ない。糾弾されるべきは、政治ではない。テロリストだ。執筆者は、無能な政治、横暴な権力がテロリストを生み出した、と言いたいのだろう。

だが、冷静に考えてみるべきだ。多くの国民はテロになどはしらず、自由民主主義体制を支持している。選挙の度に政治家がテロリストに襲撃され、ときには命を落とす、そうした日本を望む国民など、ほとんど存在しない。

テロリストがテロに走ったのは、政治に原因がある。テロリストの言い分にも、耳を傾けるべきだ。こうしたマスメディアの論調が、次なるテロを誘発する。いかなる大義名分を掲げようともテロリズムとは、断固闘うとの姿勢が肝要だ。マスメディアは「日本の民主主義を守る」との姿勢を明確にすべきであろう。

2023年4月21日　夕刊フジ

テロに触発された高校教諭の気になる授業内容

安倍晋三元総理がテロリストの凶弾に斃れた直後、「ヒゲの隊長」こと自民党の佐藤正久参院議員に脅迫文書が送付されていた。「今度はあなたの番です」と殺害をほのめかす内容だった。脅迫文書を送付した容疑で北海道立高校の男性教諭が逮捕された。

調べに対し、男性教諭は「憲法を軽視し、基本的人権の尊重をないがしろにする言動や態度に立腹した」と供述しているという。詳しい思想的背景については不明瞭だが、いわゆる護憲派の一人であることは間違いないだろう。

不思議なのは「基本的人権の尊重」を強調しながら、自身の考えと異なる政治家に殺害予告の脅迫文書を送りつけている点である。

言うまでもなく、「言論の自由」「思想信条の自由」「表現の自由」は日本国憲法で保障されている基本的人権の重要な要素である。「憲法を守れ」「基本的人権を守れ」と主張しながら、平気で憲法が保障している基本的人権を踏みにじる。大いなる矛盾なのだが、彼らはこれを矛盾と感じていないようだ。

日本で「リベラル」を自称する人々は口先では平和主義を唱え、基本的人権の擁護をうたい、多様性の尊重を強調する。だが、実際には自分たちと異なる見解の持ち主を暴力的に排除しようと試みる。彼らの行動は彼ら自身の主張と相矛盾している。

矛盾に満ちた摩訶不思議な態度と言わざるを得ないが、そもそも左翼の本性は「暴力の擁護」にある。

小説『嘔吐』で有名なフランスの哲学者サルトルは、毛沢東主義に傾倒する知識人でもあった。彼は「毛沢東主義者をなぜ支持するか」とのインタビューの中で、次のように語っている。

「革命体制は自らを脅かす何人かの人間を清算せねばならず、そしてその際、死を与える以外の手段が私には思い浮かばないのです。牢獄ではいつでも外に出てくる可能性がある」

革命に対し反対する勢力は、生かしておくと革命体制を覆しかねない。従って粛清して構わないとサルトルは堂々と宣言しているのだ。自らの理想を実現するためには手段を選ぶべきではない。

これが革命家の論理そのものだ。

安倍元総理を暗殺したテロリストに触発された護憲派高校教諭。一体、彼は高校生たちにどのような授業をしていたのかが気になってしかたない。よもや平和民主、人権擁護を説いていたのならば、授業を受けた生徒たちは唖然とするだろう。テロの重要性を説いていたのなら言語道断である。口先で美辞麗句を並び立てながら、革命を夢想する左翼ほど悪質な存在はいない。自称「リベラル」の嘘にだまされてはならない。

２０２４年12月10日　夕刊フジ

ＬＧＢＴ法が想起させる「二段階革命説」

２０２３年６月23日、厚労省の課長から地方自治体の衛生主管部（局）長宛てに通達が届いた。「公衆浴場や旅館業の施設の共同浴室における男女の取扱いについて」と題する通達である。この通達では、「体は男性、心は女性の者が女湯に入らないようにする必要があるものと考えています」と記されている。

衆参両院でＬＧＢＴ理解増進法が成立（同月16日）した後の混乱を防ぐための通達だ。実際にトランスジェンダーとは無関係でありながら、「体は男性、心は女性」と自称する男が、女湯などに侵入する事件が起こったらどうするのか。多くの保守系言論人が危険性を想定し、批判していた。厚労省の通達は、こうした事態を沈静化させようと企図したものだろう。

この通達を歓迎する向きもあろうが、私はそれほど単純な話だと思えない。

かつて一世を風靡《ふうび》したマルクス・レーニン主義の「二段階革命説」を思い起こさずにはいられなかったのである。

二段階革命説とは、一気に共産主義革命を目指すのではなく、当面はブルジョア革命を目指す。

要するに、絶対君主制、封建制を否定するが、共産主義の実現までは求めない。ブルジョア革命後に、共産主義革命を起こして、共産主義社会を成立させる。ロシア革命では、「二月革命」で王政を廃し、その後の「十月革命」でレーニン率いるボリシェヴィキが権力を掌握した。二月革命が、第一段階のブルジョア革命であり、十月革命が共産主義革命だと位置づけるのである。

ＬＧＢＴ理解増進法を成立させた段階では、「性的指向やジェンダーアイデンティティを理由とする不当な差別はあってはならない」との文言が挿入された。これが第一段階だ。ここではトランス女性が女湯に入るような事態は避けておく。

だが、第二段階には「体は男性、心は女性」であるトランス女性を女湯から排除するのは「不当な差別」にあたると主張するのではないか。

実際にトランスジェンダーの問題で苦しんでいる当事者が存在するのは事実だ。私はこの事実を否定するつもりはない。ましてや差別を助長する意図など毫ほども有さない。差別を排除すべきであると考えるのはもっともだ。

しかし、この問題が厄介なのは、実際にトランスジェンダーに苦しむ当事者なのか、トランスジェンダーを自称しているだけの人物なのかを見分けることが出来ない点にある。

当面の間、トランスジェンダーを自称する男性が女湯に侵入することは犯罪と見做されるであろう。だが、これが「不当な差別」であるとの主張が展開された際、果たしてＬＧＢＴ理解増進法を推進した政治家たちは何と応えるのか。あまりに無責任なのだ。

２０２３年7月11日　夕刊フジ

トランス女性訴訟　最高裁よ、常識に還れ

最高裁が一定の留保はつけながらも、奇妙な判決を下した（２０２３年7月11日）。トランス女性（※生物学的には男だが、心は女性）が職場である経産省において、女性用トイレの使用に制限をつけられていたことを違法だとの判決を下したのである。

国（経産省）側の論理が弱かったのも事実だ。他の女性職員が違和感を抱いているように「見えた」から制限を課したとの主張では、客観的な事実に立脚した論理ではなく、極めて主観的な判断と見做されるはずだ。

一定の留保というのは、裁判官の補足意見の最後に次のように記されていたからである。

「本判決は、トイレを含め、不特定又は多数の人々の使用が想定されている公共施設の在り方について触れるものではない」

世の中の全てのトイレを、トランス女性に開放せよとの判決ではなかったということだ。

確かに、極めて特殊な状況である。

第１に、国を訴えた職員はトランス女性であることを職場で公開し、説明会が開催され、女性の

服装で勤務している。

第2に、女性ホルモンの投与を受けている。職場という極めて限定された場所において、トランス女性と認識された人物のトイレの使用をめぐっての判決であり、一般化出来るものではないだろう。

だが、判決を精読してみると、やはりLGBT理解増進法の成立により日本社会が変化してしまったのではないかと思わずにはいられなかった。

このトランス女性は健康上の理由から性別適合手術をしていなかった。この件について、補足意見では、性別適合手術をしていない場合であっても、「可能な限り、本人の性自認を尊重する対応をとるべき」と主張している。

手術なしでも本人の性自認を尊重するとは、「自分は女性である」と主張する人物の主張を受け入れろということだ。安易にこうした性自認を認めれば、社会は混乱する。

また、トランス女性が女性トイレを使用することに関して抱く、女性職員の「違和感・羞恥心《しゅうち》」についてもおかしな主張を展開している。

その原因は、「トランスジェンダーに対する理解が必ずしも十分でない」からではないかと問い、「研修」によって「相当程度払拭できる」というのだ。

だが、トランス女性が女性トイレを利用することに関する女性の違和感は「理解」の足りなさにのみ由来するのか。たとえ、理解しようと研修しようとも、性別適合手術を受けていない生物学的男性と同じトイレを利用したくないとの生物学的女性の感情は否定されるべきなのだろうか。常識を喪いつつある日本社会を象徴するかのような最高裁の判決であった。

２０２３年7月13日　夕刊フジ

圧倒的多数の女性を不安に陥れるな！

自民党の有村治子参院議員がツイッターで悲痛な叫び声を上げていた。少し驚いた。

「皆さま助けて下さい！　証人になって下さい！」

一体何事だろうと思い、その訴えの全文を読んでみた。経産省におけるトランスジェンダー問題をめぐる訴訟について、日刊ゲンダイが有村を批判しているというのだ。記事にはこうあった。

「保守系の一部は『性同一性障害の人と、わいせつ目的の侵入者を見分ける基準はあるのか。女性スペースにおける安全・安心は重要だ』（有村治子・元女性活躍相）と懸念の声を上げ、SNSにも同様の主張が散見される」

だが、有村は最高裁の判決について懸念の声を上げていないという。三権分立を守るのが常識なのだから、当然の態度である。私人である筆者とは立場が異なる。仮に、立法府に属する国会議員が司法の判断に誤っていると言えば、それは三権分立を破壊する暴挙となる。

有村のツイッターを読むと、共同通信の記者が2023年7月11日夕、最高裁判決へのコメントを求めて事務所に来たという。その後、有村の前出のコメントに、勝手に「懸念を示した」と書いて出稿したというのだ。

有村は記者に強く抗議し、共同通信は同日夜、配信記事の「懸念を示した」を、「コメントした」に差し替えたという。日刊ゲンダイの記事は、差し替え前の原稿を使用したのではないか。

気になるのは、五野井某なる人物のコメントだ。

「糾弾すべきは『性別を偽る犯罪者』でトランスジェンダーの当事者ではない。あえて混同しているのなら、それこそ理解増進法にも明記された〈あってはならない〉〈不当な差別〉です」

トランスジェンダーの当事者を差別するなというのは当然の主張だが、「性別を偽る犯罪者」が「トランスジェンダーである」と言い張った際、どのように対応するのか。女性スペースにおける安全・安心を求めるのは当然だろう。圧倒的多数の女性を不安に陥れることが問題の解決になるとは思えない。

有村の国会での質疑を精査してみたが、トランスジェンダーの当事者を否定するような発言は全くない。犯罪者とトランスジェンダーを混同するような無礼で差別的な発言などしていなかった。有村は、シスジェンダー（生物学的に女性であり、心も女性）の女性が不安を感じることのないような世の中にしたいという常識的な主張を展開しているだけだ。自身といささかでも異なる見解を表明したら「差別」のレッテルを貼る世の中は恐ろしい。昨今の「リベラル・ファシズム」には断固として反対する。

２０２３年７月15日　夕刊フジ

「トランスジェンダー本」騒動の病理

世界中で奇妙な現象が見られる。「リベラル」を自称する人々が自分たちとは反対の意見を封じようとするポリティカルコレクトネス運動が多発しているのだ。自由主義（リベラリズム）に立つと自称する者が、その原則である価値観の多様性を執拗に攻撃するとは実に奇妙だ。

自由民主主義社会は多様性の擁護を基盤とする。一人一人の価値観が異なることを前提とし、暴力や抑圧による価値観の強制を拒絶する。表現の自由、思想信条の自由は最大限尊重されなければならない。古典的自由主義思想家ミルは名著『自由論』の中で次のように指摘している。

「一人の人間を除いて全人類が同じ意見で、一人だけ意見がみんなと異なるとき、その一人を黙らせることは、一人の権力者が力ずくで全体を黙らせるのと同じくらい不当である」

ミルが価値観の多様性を擁護するのは、人間が過ちを犯す存在であるとの確信があるからだ。人類の大多数が常識と信じていたことが、実は誤った価値観に基づく誤解だったということはよくある。現代では常識とされる地動説も、天動説の時代には弾圧された。だからこそ誤りと思われる主張にも自由は保障される。

価値観の多様性を非難するリベラリズムなど矛盾以外の何物でもない。だが、こうした奇怪な現象はわが国とも無縁ではない。

日本で予定されていた米国のジャーナリスト、アビゲイル・シュライアーの著作の翻訳「あの子もトランスジェンダーになった　SNSで伝染する性転換ブームの悲劇」(KADOKAWA)が刊行中止に追い込まれた(その後、産経新聞出版から『トランスジェンダーになりたい少女たち　SNS・学校・医療が煽る流行の悲劇』として刊行)。

本書では、心と体の性の不一致に悩み医療を望む10代の少女の数が米国で激増していること、その要因の1つにSNSの影響があるのではないか——などの論点が多くのインタビューを基に示される。安易な医療処置が少女たちに後戻りできない選択をさせるのではないか、と懸念しているのだ。

その主張の是非はさておき、著者なりの価値観が示された訳書が、差別を助長するとの批判が相次いだため刊行中止となった。

ここでシュライアーの主張が正しいと訴えるつもりはないが、1つの価値観の表明が抑圧されることには大きな違和感を覚える。ある人たちから見れば、許しがたい内容であるかもしれないが、それも1つの意見である。この著作が誤った価値観を伝播《でんぱ》するというのであれば、徹底的に批判すればいい。刊行を止め、異なった価値観を力ずくで封じる行為は自由民主主義社会の原理原則に反している。

現代日本では1人の権力者が全体を黙らせることは不可能だ。恐ろしいのは、「リベラル」と称する多数派が1人を黙らせることだ。

2023年12月24日　産経新聞

フランス革命の本質は野蛮な文化大革命

パリ五輪が閉幕した。日本人選手の多くが活躍したことは1人の日本国民として純粋に嬉しかった。しかしながら、手放しで礼賛することはできない。開会式があまりに悲惨なものだったからだ。

多くの人々はレオナルド・ダ・ヴィンチの名画「最後の晩餐」を揶揄したLGBTの宴の如きものを非難した。私も苦々しく感じたが、キリスト教徒ではない私が最も不気味に感じたのは、切り落とされた生首を片手に持つマリー・アントワネットが登場し、突如革命歌「サ・イラ」を歌い出す場面だ。「貴族どもを縛り首にしろ」とのメッセージが込められている。

フランス革命とは何だったのか。教科書では人類の自由・平等・博愛を進歩させた画期的な事件と叙述されている。しかしこれは端的に言って虚偽の物語に過ぎない。当時のフランス社会を根底から覆す野蛮な営みに過ぎなかった。一種の文化大革命と言ってよい。

革命家には革命思想というものがあった。フランス革命の場合、社会契約論がそれに当たる。具体的な名を記せばルソーだ。ルソーが全体主義の始祖であったと叙述すれば、私が常軌を逸した言説を展開していると思われるだろう。

だが、少し待ってほしい。日本では優れた経営学者として知られ、若き日には政治学者だったドラッカーはこう喝破している。「ルソーからヒトラーまでは真っ直ぐに系譜を追うことができる。その線上にはロベスピエール、マルクス、スターリンがいる」(『産業人の未来』)

フランス革命とは紛れもなく左翼全体主義の起源に他ならなかった。ロベスピエールの恐怖政治が知られるが、何故ルイ16世を、そしてマリー・アントワネットを殺戮する必要があったのだろうか。ルイ16世はアメリカ独立に向けて支援をした。決して愚昧な男ではない。マリー・アントワネットは奢侈《しゃし》に走る王妃ではあったが、殺される理由はない。フランス革命を絶対的な善と捉えるのは一つの政治イデオロギーの表明に過ぎない。五輪開会式が政治イデオロギーの開陳の場であってはならないのは当然のことではないか。私は心の底からあきれた。

一服の清涼剤となったのは、卓球女子・早田ひなの言葉だった。

「鹿児島の特攻資料館に行って、生きていること、卓球を当たり前にできていることが当たり前じゃないというのを感じたい」

特攻隊員たちは「後に続くを信ず」と遺して散っていった。後世に生きる日本人が平和に繁栄してほしいとの願いを込めた言葉だ。後に続こうとする若者が現れたことは何よりも慶賀すべき事態ではないか。日本の将来は純粋な心を持つ若者たちにかかっている。

2024年9月1日　産経新聞

祖国を愛することは異常なのか

佐渡は美しい島だ。幾度も訪れたがその度に感動があった。何を食べても旨いが、何よりも水が美味しい。そして、日本酒も素敵だ。水がこれほど美味しい理由を尋ねたところ、朱鷺《とき》を守るためと言われたのが印象的だった。佐渡に行くと朱鷺に出会える。皆がときめく島だ。佐渡の人々は朱鷺を心の底から愛している。稀少だからだ。

マルクスの『資本論』を読めば分かるが、稀少性は愛される。ガラスよりダイヤモンドが好まれる理由はたった一つだ。それが稀少だからだ。

アカデミズムの世界では「リベラル」であることが常識とされている。彼ら彼女らは少数派を守ると言う。稀少だからだろう。結構なことだし、私も祝福したい。少数民族、性的マイノリティー、外国人。彼ら彼女たちが守りたいのはそうした少数者のようだ。だが、たった一つ守ってもらえないマイノリティーがいる。それは右翼だ。祖国日本を愛し、日本の為に献身したいと心の底から願う少数者を排除している。それがアカデミズムの現実である。日本学術会議の病もここにある。

実例を挙げてみよう。

私が同僚と酒を飲み、カラオケに行ったことがある。もちろん、彼は「リベラル」の一人である。同僚から絶対的にお願いしたいと言われた内容は次の通りだ。

私が岩田さんと酒を飲んだ。ましてや、カラオケに行ったことは絶対に言わないでほしい。言われたら自分の人生は終わる。

大学の後輩からも言われた。その人物はとあるマスメディアに就職した。卒業論文など、具体的には書けないが、出来る限り協力した。そんな彼は言った。

就職のお祝いとか絶対にSNSで書かないでください。ばれてしまうから。

一応確認しておきたいが私は犯罪者ではない。やくざでもない。他人から非難されるとしたら、右翼であるという点だけだ。自分で右翼だと思ったことは特にない。日本が好きだし、祖国のために闘った人たちのことを尊敬している。それだけだ。

もしも私が性的マイノリティーや在日朝鮮人だったら、こんな発言をした時点で、その人は糾弾されるだろう。しかし、彼らは糾弾されない。何故なら、祖国を愛する日本人が異常であるとの「常識」がまかり通っているからだ。祖国を呪詛し貶《おとし》める。私から見たら愚行にしか見えないが、それがアカデミズムの日常茶飯事だ。アカデミズムの常識に、私は耐えられなかった。

博士号を取れと言われたこともあった。アカデミズムの世界では、博士号を持っていることが基本条件らしい。しかし私は興味がなかった。自分がやりたいことは善い本を書きたい。それだけだった。考えてみれば、ソクラテスにもプラトンにも博士号はない。何故そうした外形的なことにこだわるのか、私には分からなかった。

だが、「リベラル」と称する人々には異常なこだわりがあるようだ。権威を疑うといいながら最も権威にこだわった。私は博士号の有無よりも、その人が書いている文章に興味がある。どれほど立派な経歴をお持ちでも、文章がくだらなければ意味がない。「三国志」時代、曹操の息子であった曹丕が遺した「文章は経国の大業不朽の盛事也」との言葉を信じている。

彼らは「リベラル」を自称している。リベラルとは自由を愛する人々のことのはずだ。だが、彼らの横顔をしっかりと見つめてみたらいい。驚くほど、狂信的ファシストの横顔に似ている。もはや、どちらがファシストなのか、私には見分けがつかない。

2024年3月号　雑誌「WiLL」

第7章 「正義の味方」朝日新聞に喝！

拉致事件を日朝交渉の「障害」と書いた社説を忘れない

北朝鮮に拉致された横田めぐみさん＝失踪当時（13）＝の父で、拉致被害者家族会初代代表の横田滋さんが2020年6月5日、お亡くなりになった。享年87。心よりご冥福を申し上げるとともに、一人の言論人として拉致被害者を奪還できなかったことをおわび申し上げる。

滋さんは常に穏やかな表情でありながらも、一貫して拉致被害者を取り戻すために闘い続けた闘士であった。

朝日新聞は7日の「横田滋さん死去　悲劇を繰り返させまい」と題する社説で次のように説いた。

「この悲劇を繰り返してはならない。北朝鮮の非道さを非難するとともに、日本政府には問題の解決へ向けた有効な方策を急ぐよう強く求める」

また、6日の「天声人語」では、滋さんが常にくしを持ち歩いた逸話を紹介している。滋さんが肌身離さず持ち歩いていたくしは、めぐみさんが拉致される前日に滋さんの誕生日を祝ってプレゼントしたものであった。めぐみさんは、滋さんの誕生日の翌日に拉致されてしまったのだ。

文章を読んだだけでは、朝日新聞の「社説」にも、「天声人語」にも、憤りを感じる人はいないだろう。社説で書かれていた北朝鮮を非難する思いは共有できるし、一刻も早く拉致問題を解決しなければならないとの主張にも異を唱える人は少ないだろう。

また、めぐみさんの父を思う優しさと、父親として何としても娘を奪還したいとの思いを感じさせる逸話も否定すべき点はない。

だが、私は過去の朝日新聞の許しがたい「社説」を覚えていたために、こうした真っ当な主張に強烈な違和感を覚えずにはいられなかった。どうしてかねてより、こうした主張を繰り返してこなかったのだとの怒りすら感じた。

忘れもしないのは1999年8月31日の朝日新聞の社説である。「『テポドン』一年の教訓」という題の社説で、朝日新聞は日本側に対し、「人道的な食糧支援の再開など、機敏で大胆な決断をためらうべきではない」と前置きして、次のように主張していた。

「日朝の国交正常化交渉には、日本人拉致疑惑をはじめ、障害がいくつもある」

拉致が「障害」であるとの表現に、私は社説執筆者の酷薄さを感じずにはいられなかった。拉致された被害者は、何か悪事を働いたわけではない。偶然、その場に居合わせたために拉致されたのだ。他国の暴力によって同胞の人生が完全に狂わされたことに対する憤りと同情の念、必ず取り戻さねばならぬという情熱、そういった思いを僅かも感じさせないのが「障害」という表現だった。

いくら同じ朝日新聞の執筆者とはいえ、滋さんの逝去を悼む気持ちを否定するつもりは毛頭ない。だが、朝日新聞が過去に拉致被害者のご家族にどのような態度を示してきたのか、この部分を真摯に反省すべきなのではないか。猛省なき追悼の言葉はあまりに空虚である。

2020年6月9日　夕刊フジ

「国を守る」と「国民を守る」の違い

「国家安全保障戦略」「国家防衛戦略」「防衛力整備計画」からなる「安保3文書」が2022年12月16日、閣議決定された。従来以上に日本の安全保障上の脅威が高まっていることを背景になされた決定である。

「安保3文書」が決定される1カ月ほど前の11月24日、朝日新聞は『『国を守る』を考える　『国民第一』に総合力を磨け」との社説を掲載した。朝日が「国を守る」ことを真剣に考え始めたのかと興味深く読み始めた。

冒頭では北朝鮮、中国の脅威について触れ、欧州ではロシアがウクライナを一方的に侵略した事実を指摘している。そのうえで「国民の多くが不安に思い、防衛費の増額に賛同する意見が増えるのも、もっともである」と続ける。ついに朝日も眼前の危機を注視し、現実的な防衛政策を説くようになったのかといささか感慨深いものがあった。

だが、やはり朝日の主張は奇怪である。突如「国を守る」とは何を守るのかを問い始める。領土、独立、統治機構、自由や民主主義などの価値。こう列挙した後に、「いずれも重要」と留保を付けながら、「基軸は『国民』であるべきだ」と説く。

国家が国民を守るのは当然のことだ。国民の生命、財産を守る気概を持たぬ政府など無用の長物だろう。しかし、「国を守る」ことを「国民を守る」ことと同一視することは間違っている。

具体的に考えてみよう。尖閣諸島を狙ってある国が侵攻してきたとする。尖閣諸島には国民が誰も住んでいない。この島を防衛するために自衛隊が生命を懸ける行為は間違っているといえるだろうか。自衛隊も国民だ。国民を守ることが「基軸」であるならば、尖閣諸島を侵略国に差し出すことが賢明だという結論に行き着かないだろうか。

ロシアがウクライナに侵攻した際、日本では奇妙な言説が横行した。ウクライナ側が「戦うだけの選択肢」ではならぬというのだ。ロシアの侵略行為を非難するのではなく、ウクライナの対応が悪いと言わんばかりの主張だった。

祖国の独立が失われれば、その後、国民はいかなる悲惨な状況に追いやられるのか。二度と主権を有した独立国家として認められないのではないか。そうした危機感がウクライナ国民に悲壮な決意を抱かせた。

確かに国民を守ることは重要だ。だが、祖国の独立を守ることを貶めるような議論は歴史を知らぬ浅薄な議論と言わざるを得ない。

２０２２年12月25日　産経新聞

「戦争を防ぐ確かな手立て」をしっかり語れ

「一年の計は元旦にあり」。一年の決意を固める日の社説には各紙の肝煎りの主張が表明されている。朝日新聞の社説は一風変わった内容だったが、冷静に分析すれば朝日新聞らしい社説でもあった。題は「空爆と警報の街から　戦争を止める英知いまこそ」(2023年1月1日付)。

社説というよりも、ウクライナの現状を伝える記事のような書き方だ。興味深いのは、ウクライナの大学で国際政治学に関する教鞭《きょうべん》を執ってきた人物の話である。国連の無力さを語り、自らが論じてきた国際政治学の虚しさを嘆いた。

ウクライナ危機が示したのは国連が機能不全に陥っている事実だ。主権国家の暴走を止め、戦争を禁じ、平和を実現する。人類が智慧《ちえ》を絞り、その夢を託した末に組織されたのが国連だった。だが、国連は安保理に認められた「拒否権」によって機能不全に陥っている。ロシアの暴走を国連は止めることができなかった。ウクライナの悲劇はここに端を発した。端的に言えば、国際政治学の理想は現実に否定されたのである。

社説は次のように結ばれる。「眼前で起きている戦争を一刻も早く止めなければならない。そしてそれと同時に、戦争を未然に防ぐ確かな手立てを今のうちから構想する必要がある。知力を尽くした先人たちにならい、人類の将来を見すえ、英知を結集する年としたい」

「戦争を未然に防ぐ確かな手立て」を構想するのは結構だ。だが、国連が機能不全に陥っており、「戦争を未然に防ぐ確かな手立て」が定かでない以上、我が国の平和を守るために何をなすべきかこそ論じられねばならない。

しかし、この社説では具体的な手段が論じられていない。そして1月5日の社説では、「専守防衛を空洞化させる敵基地攻撃能力の保有や防衛費の『倍増』」が「乱暴な進め方」によって決定されたと岸田内閣を糾弾する。国連が平和を維持できない以上、自国抑止力を高めるという古典的な安全保障政策の有効性が再認識されるべきだが、朝日新聞は現実的方策を一切語ろうとしない。

冷静に考えれば、敵基地攻撃能力を保有するという岸田文雄総理の決断は英断というべきだ。なぜなら、それが平和を維持し、我が国の国民を守るからだ。理想を構想するのは自由だが、画餅で国を守れない。朝日新聞はウクライナの危機から何を学んだのか。やはり、朝日新聞の主張は現実から乖離している。

2023年1月29日　産経新聞

今さら遅い「日本共産党批判」

衝撃的な書籍が出版された。『シン・日本共産党宣言』（文春新書）。著者は日本共産党員の松竹伸幸だ。日本共産党の閉鎖的な体質を改善すべく開かれた党首公選制を訴えた。党首公選制が実現すれば、自身が新しい安全保障政策を掲げて党首選に挑戦したいとも述べた。

松竹の提案に対し、日本共産党の態度はかたくなだった。「党に敵対する行為はおこなわない」、「党の決定に反する意見を、勝手に発表することはしない」との党規約を持ち出し、松竹を2023年2月6日、除名処分とした。思想信条の自由が存在する日本社会において異様な対応だった。

「共産党員の除名　国民遠ざける異論封じ」と題した同月8日の朝日新聞の社説では、次のように指摘している。「かねて指摘される党の閉鎖性を一層印象づけ、幅広い国民からの支持を遠ざけるだけだ」、「党首選を行うと、組織の一体性が損なわれるというのなら、かえって党の特異性を示すことにならないか」

朝日新聞らしからぬ正論である。多くの国民は日本共産党の頑迷固陋《ころう》な態度に驚愕したはずだ。自由と民主主義の擁護を「中心的課題の一つ」とする政党とは思えぬ独善的な論理だった。今回の朝日新聞の論調は国民の常識に沿うものであった。

だが、手放しで朝日新聞を褒めたたえるわけにはいかない。同紙はこれまでに日本共産党を含む野党連合の必要を説いていたからだ。「『安倍・菅』後の政治　多様性と包摂　問われる実行」と題した2022年1月5日の社説では、次のように主張した。

「衆院選での野党共闘は、期待した成果につながらなかったとはいえ、参院選の1人区では、前々回、前回と一定の結果を出している。冷静な分析を踏まえた新たな選挙協力の構築が不可欠だ」

また「参院選の準備　野党協力　調整に本腰を」との同年4月3日の社説では次のように論じている。「両党(立憲民主党と日本共産党)の間には、衆院選の際の『限定的な閣外からの協力』という合意をめぐって対立があるが、政権選択選挙ではない参院選で、この問題にこだわり続けることが生産的だとは思えない。『白紙に』という立憲の泉健太代表がまず胸襟を開き、共産を説得する必要がある」

日本共産党の特異性に目をつぶってまで自公政権を倒すために野党共闘の必要を説いていたのが朝日新聞だ。今、日本共産党の特殊性を糾弾したとて、遅すぎる。己の軽薄な言動を恥じるべきだ。

2023年3月5日　産経新聞

「古き良き日本」で何が悪いのか

道徳は教育可能なのか。これは深遠な哲学的問いだ。語学や数学ならば、基礎を教え込み、応用問題を解かせれば、生徒たちはそれなりの実力を身に付ける。だが、丁寧に教え込めば道徳心が芽生えるというものではない。そもそも道徳は普遍化が困難だ。

「嘘をつくな」という命題は一般的には道徳的だ。だが、暴漢が刃物を持って友人を追いかけてきたとしよう。自宅に匿《かくま》ってほしいと友人に嘆願された後、刃物を持った男に「ここに男が逃げ込まなかったか」と問われ、友人を匿った男が「そんな人はいない」と嘘をつくのは過ちなのか。

ドイツの哲学者カントはこの場合であっても嘘をついてはならぬと主張した。だが、日本には「嘘も方便」との言葉もある。少し考えてみれば、道徳を教育する困難さは理解可能だ。だが、道徳教育を放棄してしまえばよいかと問えば、それはまた極端だろう。人間はよき逸話を知ると模倣したくなる性向を有している。よき存在に憧れる存在でもある。従って、偉人伝、よき逸話を教え込むことは全くの誤りとはいえない。

朝日新聞は「道徳の教科書　窮屈な検定姿勢改めよ」と題した2023年3月30日の社説で、奇妙な論理を展開した。「国や郷土を愛する態度」を巡り、「息苦しさ」を感じさせる意見が相次いだというのだ。

何があったのかと社説を読み進めていくと「地いきの祭りやイベントに、どんなふうに参加していきたいかな」との一文が「日本で大切にされてきたものに、何があるかな」に書き換えられたという。郷土愛を扱う部分で取り上げられているのが「村祭りや姫路城、『米百俵』の逸話など『古き良き日本』の題材ばかりだ」とも非難する。

だが、あまりに的外れな批判ではないか。郷土愛についての理解が偏頗《へんぱ》なのである。郷土愛とは、単純に地域を愛することだけを意味してはいない。その地域に住んできた先祖に思いを致し、自分自身もその地域に生きることを誇りに感じてこそ郷土愛が涵養《かんよう》されたと解釈すべきだ。

評論家の江藤淳は、生きているわれわれが日本の国土を眺めるとき、見ている自分たちの視点がかつてわが国に住んだ人々の死者の視点と交錯していると喝破したことがある。われわれが郷土に愛を感じるとき、時間軸において垂直的な部分があるべきなのは当然だ。過去から繫《つな》がっている現在を感じるとき、精神的な愛情は深まるからだ。

朝日新聞に問いたい。「古き良き日本」で何が悪いのか？

2023年4月9日　産経新聞

日本の自由民主主義体制を破壊したいのか

衆参両院の補欠選挙の遊説中、岸田文雄総理がテロリストによって暗殺されかけた。わが国の民主主義の危機である。選挙の際、政治家は国民に直接訴え自らの思想信条を語る。有権者は政治家を直に見て判断する。これが日本の民主主義の原点だ。

朝日新聞は「岸田首相襲撃　民主主義揺るがす暴挙」（2023年4月16日付）と題した社説で次のように論じた。「民主主義の最も重要な基盤である選挙が、再び暴力にさらされた事態は極めて深刻である」

全くの正論だ。だが、読者を愚弄すべきでない。朝日新聞の関係者諸兄は思い返してみるべきだ。安倍晋三元総理が選挙の最中暗殺された。テロリストによる暴挙だった。驚くべきことだが、このときテロリズムを否定せずテロリストをたたえた人々が存在した。「REVOLUTION＋1」なる映画が上映されたのである。主人公は安倍を銃撃した山上徹也被告を意識しているのが明白な映画だ。しかも監督は元日本赤軍メンバー。上映会では、漫画家がテロ事件に関して「でかした！」と叫んだという。この上映会の雰囲気を端的に表している。

朝日新聞は2022年9月、「日本映画に活!」との記事でこの映画を取り上げた。中身は論評に値しない。さらにこの映画の上映場所や期間を記載した。客観的に分析すれば、事実上の広報活動だろう。民主主義を冒瀆《ぼうとく》するテロリストを宣伝した映画を、なぜ記事にする必要があったのか。

ドストエフスキーが長編小説『悪霊』を書く際に、モデルにしたのがネチャーエフだった。彼が『革命家の教理問答(カテキズム)』で革命家の特徴を表現した。この世界は容赦なき敵であり、革命家はこの世界を破壊すべく運命づけられていると言う。暴力的な革命家とテロリストはほとんど同義であろう。自由と民主主義を守ろうとするならば、破壊を目的としたテロリズムとは断固闘い抜かなければならない。民主主義は優れた政治体制だが極めて脆《もろ》い。暴力によって瞬時に瓦解しかねない。だからこそ、この体制を守るために死力を尽くすべきなのだ。

安倍批判。それは自由だ。しかし、常識に立ち戻るべきだ。社説で民主主義を擁護すると大々的に喧伝《けんでん》しながら、テロリストを賛美するかのごとき映画を告知するのは一貫性に欠ける。安倍批判さえできれば暴力も擁護するのか。そうした考えが民主主義を破壊する。朝日新聞に問いたい。日本の自由民主主義体制を破壊したいのか。

2023年5月14日　産経新聞

「欧米にならえ」論のご都合主義

「日本は遅れている」との上から目線の非難がある。日本は海外と比較して遅れているから変わらなければならないと続くのが通例だ。海外の僅かな事例を引き合いに出しながら日本を貶める。こうした論法は卑劣と言わざるを得ない。なぜなら、自身に都合の良い事例だけを取り上げるからだ。

朝日新聞は「同性婚判決『違憲』の是正を急げ」(2023年6月9日付)と題した社説で日本においても同性婚を認めよと主張した。私は同性婚を認める立場を取らない。だが、同性婚の是非を問う以前に朝日新聞の論理の運び方が粗雑であることを指摘しておきたい。

G7(先進7カ国)と比較し、「日本以外の6カ国は同性カップルを認める法整備を既にしており、先進国の中で日本の対応の遅れは明白だ」、「性的少数者への理解を広げ、差別をなくすためのロードマップをつくり、その中に同性婚の法制化を明確に位置づけるべきだ」と主張する。

日本は遅れている。だから、欧米各国に見習えとの理屈だ。だが、朝日新聞に問いたい。欧米に見習えと言うならば、重要な問題を閑却していないか。欧米各国は軍隊を保有し、集団的自衛権の行使も容認している。核武装している国家も存在する。なぜ、ＬＧＢＴ問題、同性婚問題では欧米に見習えと主張しながら、国防では欧米に見習えと声をあげないのか。実に姑息なやり口ではないか。

彼らは欧米を進歩的だと国民に説教するが、本音では欧米を見習えとは思っていないのだろう。自分たちの偏った主張を補強するための道具として他国を利用しているに過ぎないのだ。欧米各国にとっても誠に無礼な話である。

私は一貫して改憲論者である。しかし、憲法改正を主張する際に、他国が軍隊を保有しているのだから日本も見習えと主張するつもりはない。わが国は主権を有した独立国家であり、その在り方を決めるのはわが国民だと信じるからだ。他国の事例を参照することはよい。だが、他国を模倣するのは間違っている。

外国に追従せよとの指摘を断固として否定したのが名著『中朝事実』を著した江戸の儒家・山鹿素行だった。当時においても中国をたたえ、日本を見下す太宰春台のごとき儒家が存在した。

素行は他国をたたえ、わが国を貶める人々について「父母に生まれて父母を忘るるが如《ごと》きのみ、豈《あに》是人の道ならむや」と指摘した。人の道に外れていると断言したのである。わが国には誇るべき歴史と伝統がある。日本には日本の在り方がある。他国追随の議論は極めて軽薄だ。

２０２３年６月18日　産経新聞

国歌の暗記は「内心の自由」を脅かすのか

「昨日、被害に遭った人はいませんか？」。教授の唐突な質問に大学院生たちは首をかしげ、お互いに顔を見合わせた。どのような事件が勃発したのか分からなかったからだ。その場にいた私も何の話なのか見当もつかなかった。皆が沈黙を守る中、厳かに教授が語り出した。

「昨日、試合で日本が勝った後、国旗が掲揚され、国歌が流れたでしょう。この映像をみて精神的苦痛を受けた方はいませんか？」。呆気《あっけ》にとられている私をよそ目に、多くの大学院生たちが教授の言葉をありがたそうにノートに書き記し始めた。この人たちとは一緒にやっていけないと思った瞬間だった。今から15年ほど前の思い出である。

古い記憶が甦ってきたのは、朝日新聞の「君が代暗記調査　内心の自由を脅かすな」と題した社説（2023年7月3日付）を読んだからだった。

大阪府吹田市教育委員会は、市内の各校に「国歌の歌詞を暗記している児童・生徒数」を学年ごとに集計して即日報告するよう文書で求め、各校がこの求めに応じた。これは自民党の市議会議員の質問に答えるためだった。この調査を朝日新聞は社説で痛烈に批判した。「吹田市教委の判断は誤りだと言わざるをえず、今後はこのような調査をするべきではない」。「複数の教職員組合が『国歌の強制につながりかねない』、『思想・信条の自由を脅かす』などと抗議の声をあげたのも当然だろう」とも指摘している。

国歌を覚えている児童・生徒がどれほど存在するのかを確認する作業が「思想・信条の自由を脅かす」とは、一体どのような理屈なのだろうか。児童・生徒たちが国歌を歌えるのか、否かを調査することに何の問題があるのか。

朝日新聞に従えば、「文部科学省は学習指導要領で『いずれの学年も歌えるよう指導する』とする一方、児童・生徒の内心に立ち入らないよう注意も促してきた」という。歌えるように指導してきたのならば、歌詞を暗記している児童・生徒がどれほど存在するのかを確認することは重要だろう。歌詞を知らねば歌えるはずがない。そして「児童・生徒の内心に立ち入らない」とは何を意味するのか。児童・生徒の中に君が代を歌うことに対して精神的苦痛を受ける者など存在するのか。オリンピックやワールドカップで君が代が流れた際、彼らは精神的苦痛のあまり、テレビを消すのだろうか。

国旗、国歌の尊重は国際的儀礼の一つだ。礼節を無視せよと説くのは教育ではない。無理を承知で敢えて言おう。朝日よ、常識に還《かえ》れ。

2023年7月23日　産経新聞

「研修に教育勅語」の一体何が悪いのか

広島市の新人研修の中で、教育勅語の一部が使われている。この事実を朝日新聞は憎悪している。社説で「研修に教育勅語　広島市長は認識改めよ」（２０２３年12月20日）と批判する。

教育勅語の一部分の利用は、広島市の松井一実市長の判断によるものだという。松井は「教育勅語を再評価すべきとは考えていないが、評価してもよい部分があったという事実を知っておくことは大切。今後も使用を続ける」と述べているとのことだ。

冷静に分析してみて、「父母ニ孝ニ兄弟ニ友ニ夫婦相和シ朋友相信シ」などという箇所を否定するのは異常である。仮にこれを否定するのならば、両親に反逆し、兄弟で憎み合い、夫婦で憎悪し合い、友達を裏切り合う人間関係が正当ということになる。

教育勅語の一部を評価するというのは、端的に言って、常識を重んずると言っていることと変わらない。

だが、朝日新聞が本当に主張したいのは、そこにない。こうした常識を説いている部分は教育勅語の本質ではないと彼らは考えている。だからこそ、松井市長が教育勅語の一部を研修に利用していることを「教育勅語の本質から目をそらす、危うい考えと言うほかない」と説くわけである。

では、教育勅語の本質とは何なのか。

朝日新聞は「一旦緩急あれば義勇公に奉じ、以て天壌無窮の皇運を扶翼すべし」の文言に注目し、「戦争へ動員する思想統制に利用された」と説く。「天壌無窮の皇運」との表現はいかにも明治時代の大時代的な表現である。

だが、「ことが起こったときに国家のために尽くせ」とする思想を誤りとは言えない。他国が侵略してきた際、「抵抗せよ」、「侵略者を排撃せよ」との教えは誤っていると断言すべきではない。われわれの国民国家は国民が守ってこそ、成立するのだ。その気概を養うことを誤りとするならば、国民国家は成立しえない。

政治哲学者、トマス・ホッブズの名著『リヴァイアサン』に始まる社会契約論の最大の弱点は、なぜ国民が命を懸けて国家を守るべきなのかを説明できなかった点にある。

自らの命を守るために国家を成立させるのが、社会契約論の最重要点だ。国家のために生命をかけて闘う思想は社会契約論からは出てこない。「われわれの愛する者を守るために闘う」という常識を抽象的な理屈では説明できなかった。

祖国がなければ、われわれの子孫は亡国の民となる。国家を守るために闘うという常識は誤っていない。朝日新聞は嫌がるだろうが、敢えて言う。一旦緩急あれば、義勇公に奉ずるべきなのだ。

2024年2月28日　夕刊フジ

自衛隊幹部の「信教の自由」を否定するな

光栄なことだが、結婚式にお招きいただく機会が多い。教え子や友人からご招待いただく。多くの結婚式では、キリスト教の賛美歌「いつくしみ深き」を歌う。

だが、私は絶対に歌わない。無言で沈黙を守り続ける。熱心なキリスト教信者が歌っているのならば理解できるが、ほとんどがその日限りの「にわかクリスチャン」である。ただ、その場で歌っているだけだ。理解に苦しむ。人生で大切な時間に誠実であるべきではないか。強く思うのだ。

私は歌わないが、他人に「歌うことはよせ」と強制したことはない。私はキリスト教を信じていない。信じていない神に向けての言葉など虚しいだけだ。私は虚しい言葉を唱えたくない。

だが、他人に強制することはしない。一人一人が信じるものを守り抜けばいい。それが近代国民国家に生きる国民の在り方だろう。思想や信仰に自由であるべきだ。

朝日新聞は矩《のり》を踰《こ》えた。2024年2月25日の社説「海自でも参拝　靖国との関係　総点検を」で次のように論じている。驚いた。

「陸上自衛隊に続き海上自衛隊でも、幹部を含む自衛官らによる靖国神社への集団参拝が明らかになった。憲法が定める『政教分離』に抵触するのみならず、旧日本軍と『断絶』していないのではないかと疑われる行動だ。他の部隊でも例はないか、総点検して明らかにする必要がある」

他人の思想信条に関して「総点検しろ」との言葉は、ソ連のスターリン体制を想起させる。人々の自由を徹底的に強圧した時代だ。

「お前が何を信じているのか、白状しなければ許さない」

そうした脅迫まがいの言葉を社説で堂々と展開するとは驚きである。私は無神論的人間だが信じるものはある。人がどこの神社で祈ろうが、どこのお寺で読経しようが、自由であるべきだ。人間の信仰の有無は国家に強制されるものではない。

1人の人間が靖国神社に参拝する。友人とともに参拝する。どこに問題があるのだろうか。命令され、拒絶できない状況で参拝を強いられたとしたら、それは異常な状態だ。だが、自分の意思で参拝しようとする人々の行為を糾弾するのは、信教の自由を否定する行為ではないか。

それが自衛隊の幹部であれ、誰であれ人間である。人間の信仰を他者が容喙《ようかい》すべきでない。

朝日新聞は憲法で保障する「信教の自由」（20条）を否定していないか。私には理解ができない。

人はそれぞれ自分自身が祈る神に祈ればいい。それを否定するのが全体主義だ。朝日新聞は戦前と同じように全体主義への道を歩めと主張したいのだろうか。自身の全体主義的体質を改めてはいかがか。

２０２４年3月1日　夕刊フジ

ヤジ巡る許しがたいダブルスタンダード

衆院東京15区補選（２０２４年4月28日投開票）は、自民党が候補者擁立を見送り、９人の候補者が出馬する乱戦の様相を呈した。これだけでも驚くべきことなのだが、何よりも国民を驚愕させたのは過去に類例のない行為があったためだ。政治団体「つばさの党」の代表や候補者らが、他陣営の候補や応援弁士の演説を大音響で罵倒したのである。

選挙とは、候補者や応援弁士が有権者に誠実に政策や人柄を訴え、有権者がそれらを聞いて判断するものであるという常識が踏みにじられた。与野党問わず、多くの政治家がこうした行為を厳しく批判した。

確かに、それらの主張は正論であり、私も大いに賛同する。だが、こうした行為が生じた遠因として、朝日新聞の愚かな主張を閑却することがあってはならない。

5月15日の朝日新聞「選挙妨害事件　自由と公正守る対応を」と題した社説では、「民主主義の根幹をなす選挙活動を脅かす行為は断じて許されない」としながらも、「一方で、規制が行き過ぎれば、言論の萎縮を招く懸念もある」と続けている。

なぜ、「許されない」で文章を終えられないのか。それは、かつて朝日新聞があまりに愚かな社説を掲載したからだ。

2019年8月29日の社説「文科相発言　異論排除を助長するな」が典型的だ。

柴山昌彦文科相（当時）が、埼玉県知事選の応援演説に立った際、大学生が大声でヤジを飛ばし、警官に現場から遠ざけられた事件があった。この際、柴山は「表現の自由」の重要性を認めながらも、選挙の際、大声を出す行為は認められていないのではないかとの認識を示した。

これに対して、朝日新聞は猛烈に批判した。

「ヤジも意思表示のひとつの方法であり、これが力ずくで排除されるようになれば、市民は街頭で自由に声を上げることができなくなる」、「先の参院選では、安倍（晋三）総理の街頭演説でヤジを飛ばした聴衆が排除される事例が相次いだ」、「（警察の対応に）異論を受け止める寛容さを欠く安倍政権の体質が影響してはいないか」

朝日新聞の論理に従うならば、今回の「つばさの党」の行為は「表現の自由」であり、これを力ずくで排除することは市民が街頭で自由に声をあげることを不可能にする行為ということになるのではないか。

選挙の際に、「弁士に対して大声でヤジを飛ばし続けることは間違っている」。あるいは、「表現の自由だから認めるべきである」。このどちらの立場しかないはずなのだ。

結局のところ、安倍批判を展開するヤジは擁護するが、東京15区補選のように野党批判のヤジは許し難い。そうしたご都合主義こそが、朝日新聞の本質なのではないか。

2024年5月28日　夕刊フジ

あとがき

本書の読後感が決して爽やかなものでないことは、筆者である自分自身が一番よく分かっている。真剣に本書をお読み頂いた読者の方々は、我が国の将来に慄然とするはずだ。私自身も全く同じ思いである。日々の報道を眺め、歴史を振り返り、政治哲学の観点から自身で現状を分析し、政治家やジャーナリストといった様々な人々から現下の最新情報を得る度に、日本が滅びるのではないかと痛切な思いが強まる。かつて栄華を誇った祖国が零落していく現実を見つめるのはつらい。

その一方で、こうした日本の過酷な現実を知ろうとすることもなく、日々の生活の大半を馬鹿笑いしながら過ごす日本国民にも哀しみを覚える。あなたたちの平穏な生活を支えてきた先人の努力が灰燼《かいじん》に帰そうとしている現在、何故、現実を見ようとしないのか。平和とは与えられるものではなく、自身の努力によって守り抜くものなのだ。こうした常識が通じない人々と議論することに虚しさすら感じてしまう。

言論活動には虚しさが付きまとうことは否定できない事実だ。危険な現実に警鐘を乱打したとて、動かされる人々は少なく、現実はほぼ変わらないからだ。しかし、それは必ずしも言論活動のみではない。政治活動もまた虚しい。いくら真剣に現状を変えようと試みたとしても、やはり現状を動かすことは困難だからだ。貴方が国会議員の１人になったと仮定してみても、現実を動かすことは極めて困難だ。１人の国会議員で果たすことのできる仕事は限られている。

最も手っ取り早く現実を大胆に改革しようとするならば、暴力を行使するしかない。残酷な真実だが、歴史において暴力が果たした役割を否定することは不可能だろう。我が国の歴史を振り返ってみても暴力を全面的に否定した明治維新などあり得なかったのは明らかだ。だが、自由民主主義社会で一度暴力を是認すれば、暴力の連鎖によって秩序は崩壊し、国民は日々、暴力に怯えながらの生活を強いられる。

純粋に理想（ユートピア）を希求する情熱が、徹底的な自由の扼殺《やくさつ》を生じ、暗黒社会（ディストピア）を招来する。これもまた歴史の過酷な真実に他ならない。革命による理想国家を求めた結果、全体主義国家が誕生した事例など枚挙にいとまがない。

一体、我々は何を為すべきなのか。

導きの糸となる言葉をスペインの哲学者オルテガが遺している。

「唯一の希望は絶望する者の数が増えることである」

絶望の先にこそ希望があるとの逆説だ。

本書で縷々《るる》、述べてきた現実は、読者をして絶望に至らしめるであろう。自民党が愚かにも石破路線を突き進めば、自民党は消滅するだろう。だが、その先に明るい展望はまるで見えてこないのだ。それでも、多くの人々がこの絶望を共有したとき、祖国は甦る。細やかな望みを託しながら一冊を上梓した所以である。

本書の刊行に際しては、産経新聞出版の花房壮氏にひとかたならぬ御尽力を賜った。花房氏には産経新聞におけるコラム執筆に際しても、常に適切な御助言を賜った。心より御礼申し上げたい。また、執筆時に媒体を提供頂いた夕刊フジの矢野将史編集長、月刊『正論』の菅原慎太郎編集長、月刊『WiLL』の山根真編集次長にも深甚なる感謝の意を表したい。そして深夜に至る仕事にもかかわらず常に温かく見守ってくれた妻、ゆり子に心から感謝したい。有難う。

令和7年2月吉日　　岩田温

【初出一覧】

I　自民党が消滅する日

第1章　石破内閣への退陣勧告

その正論に偽りあり！（2024・12月号　雑誌「正論」）
自らの過去に裁かれる（2024・11・3　産経新聞）
左傾化した自民党が消滅する日（2024・12・9　夕刊フジ）
選択的夫婦別姓の実現で自民党は消滅する（2024・12・12　夕刊フジ）
政治家は性別ではなく能力や資質で判断されるべきだ（2024・12・13　夕刊フジ）
安倍氏失い自滅した自民党（2024・6・1　夕刊フジ）
派閥は否定するなかれ（2024・2・18　産経新聞）
自民党派閥は「新人議員の教育機関」（2024・9・5　夕刊フジ）
自民党が野党に転落する日（2024・9・7　夕刊フジ）
岸田退陣：自民党「左翼」の系譜（2024・10月号　雑誌「正論」）

第2章　憲法改正は〝夢のまた夢〟

最も空疎な憲法条文（2024・4・29　産経新聞）
「平和主義」が戦争を招く（2022・5・1　産経新聞）
平和憲法という幻想　ウクライナ戦争「9条」の無力（2022・4・4　夕刊フジ）
護憲派の論理　古賀誠氏の影響（2022・4・8　夕刊フジ）
日本は世界有数の危険地域　反撃能力こそ課題（2023・4・19　夕刊フジ）
憲法改正を目指さない自民党に存在価値はない（2024・12・14　夕刊フジ）
保守主義の神髄を理解していた中川昭一氏（2024・9・6　夕刊フジ）

第3章 「宰相の条件」は安倍晋三に学べ

偉大なる政治家の条件(2024・6・23 産経新聞)
祖国防衛は「自国で自国を守り抜く」気概を(2021・1・26 夕刊フジ)
令和の時代にも必要な「痩せ我慢」自国を守る覚悟(2021・8・23 夕刊フジ)
あえて「聞く耳」持たないことも宰相の条件(2021・11・1 夕刊フジ)
安倍氏暗殺から1年 日米同盟の危機を救った(2023・7・10 夕刊フジ)
岸田政権は安倍路線を継承せよ(2022・10・17 夕刊フジ)
残念な安倍元総理の不在(2022・10・19 夕刊フジ)

【補論】「自民党と保守系知識人」の考察

売れないラーメン屋といわゆるひとつの『論壇誌』についての断想(2024・7月号 雑誌「WiLL」)
なぜ高市早苗の「靖国参拝」を批判する?(2025・2月号 雑誌「正論」)

II 「左翼ごっこ」の黄昏

第4章 いまだ革命ならず

日本共産党は武装革命を目指していた(2020・2・22 夕刊フジ)
自衛隊は手段 共産・志位発言と憲法改正(2022・4・9 夕刊フジ)
日本共産党「民主集中制」の特異性(2024・2・26 夕刊フジ)
「日米安保破棄」掲げる野党連合政権で日米同盟の行方は?(2021・5・18 夕刊フジ)
支持基盤離れも反省なき立民(2021・11・5 夕刊フジ)
立民・安住氏の倒錯したJアラート批判(2023・4・17 夕刊フジ)
驚くべき鳩山由紀夫元首相の暴言(2024・5・30 夕刊フジ)
正念場迎えた玉木代表〝変節〟の過去(2021・11・6 夕刊フジ)
野党の愚か者め!(2023・6月号 雑誌「WiLL」)

第５章　荒ぶる独裁国家に備えよ

国民国家から考える外国人参政権問題（２０１０・３月　「撃論ムック」）
「自由な海を守る」考える時（２０２０・２・21　夕刊フジ）
我が国は民主主義を尊重　中国とは対峙する宿命（２０２０・９・28　夕刊フジ）
中国共産党「人権侵害」世界が問題視（２０２０・９・30　夕刊フジ）
人権を無視し自由を侵す国家に媚びるな（２０２０・６・８　夕刊フジ）
大丈夫か日本外交　ジェノサイドは許されない（２０２１・１・29　夕刊フジ）
虚妄の政冷経熱から脱却せよ（２０２１・５・22　夕刊フジ）
拉致に大きく関与した主体思想の正体（２０２０・２・19　夕刊フジ）

第６章　リベラル・ファシズムという猛毒

アメリカ共産主義の書評（２０２４・1月号　雑誌「ＷｉＬＬ」）
歴史的人物の銅像を破壊する愚挙（２０２０・６・13　夕刊フジ）
バイデン大統領就任演説は白々しい（２０２１・１・25　夕刊フジ）
マルクス主義の変形「エコファシズム」（２０２２・10・22　夕刊フジ）
テロリストを擁護・容認するのは止めよ（２０２２・10・18　夕刊フジ）
「絶望からのテロ」という倒錯理論（２０２３・４・21　夕刊フジ）
リベラルの本性とは「暴力の擁護」（２０２４・12・10　夕刊フジ）
「二段階革命説」想起させるＬＧＢＴ法（２０２３・７・11　夕刊フジ）
トランスジェンダー、最高裁の奇妙な判決（２０２３・７・13　夕刊フジ）
「リベラル・ファシズム」に反対する（２０２３・７・15　夕刊フジ）
リベラルな言論封じ（２０２３・12・24　産経新聞）
フランス革命は善なのか（２０２４・９・１　産経新聞）
右翼こそが保護すべきマイノリティー（２０２４・３月号　雑誌「ＷｉＬＬ」）

第7章「正義の味方」朝日新聞に喝！

横田滋さん死去、朝日社説に怒り心頭（2020・6・9　夕刊フジ）
「国を守る」朝日主張の奇怪（2022・12・25　産経新聞）
朝日の「戦争を防ぐ確かな手立て」とは？（2023・1・29　産経新聞）
今さら遅い「共産批判」の朝日社説（2023・3・5　産経新聞）
「古き良き日本」で何が悪いのか（2023・4・9　産経新聞）
「朝日」は民主主義を破壊したいのか（2023・5・14　産経新聞）
朝日「欧米にならえ」論のご都合主義（2023・6・18　産経新聞）
朝日へ　国歌の暗記はダメなのか？（2023・7・23　産経新聞）
朝日が嫌がる教育勅語の本質（2024・2・28　夕刊フジ）
自衛隊幹部の靖国参拝　朝日は「信教の自由」を否定？（2024・3・1　夕刊フジ）
ヤジは「表現の自由」か？朝日のご都合主義（2024・5・28　夕刊フジ）

●著者プロフィール

岩田温（いわた・あつし）

1983年、静岡県生まれ。早稲田大学政治経済学部卒、同大学院修士課程修了。大和大学准教授などを経て、現在、一般社団法人日本学術機構代表理事。専攻は政治哲学。著書は『バカも休み休み言え！』（ワック）、『後に続くを信ず』（かや書房）、『[新版]日本人の歴史哲学』（産経新聞出版）など多数。ユーチューブで「岩田温チャンネル」を配信中。産経新聞に定期的にコラムを寄稿している。

ブックデザイン：ユリデザイン 中尾香

自民党が消滅する日

令和7年2月26日　第1刷発行

著　　者　岩田 温
発 行 者　赤堀 正卓
発 行 所　株式会社 産経新聞出版
〒100-8077 東京都千代田区大手町1-7-2
産経新聞社8階
電話03-3242-9930　FAX 03-3243-0573
発　　売　日本工業新聞社
電話03-3243-0571（書籍営業）
印刷・製本　株式会社シナノ

ISBN978-4-8191-1448-6　C0095